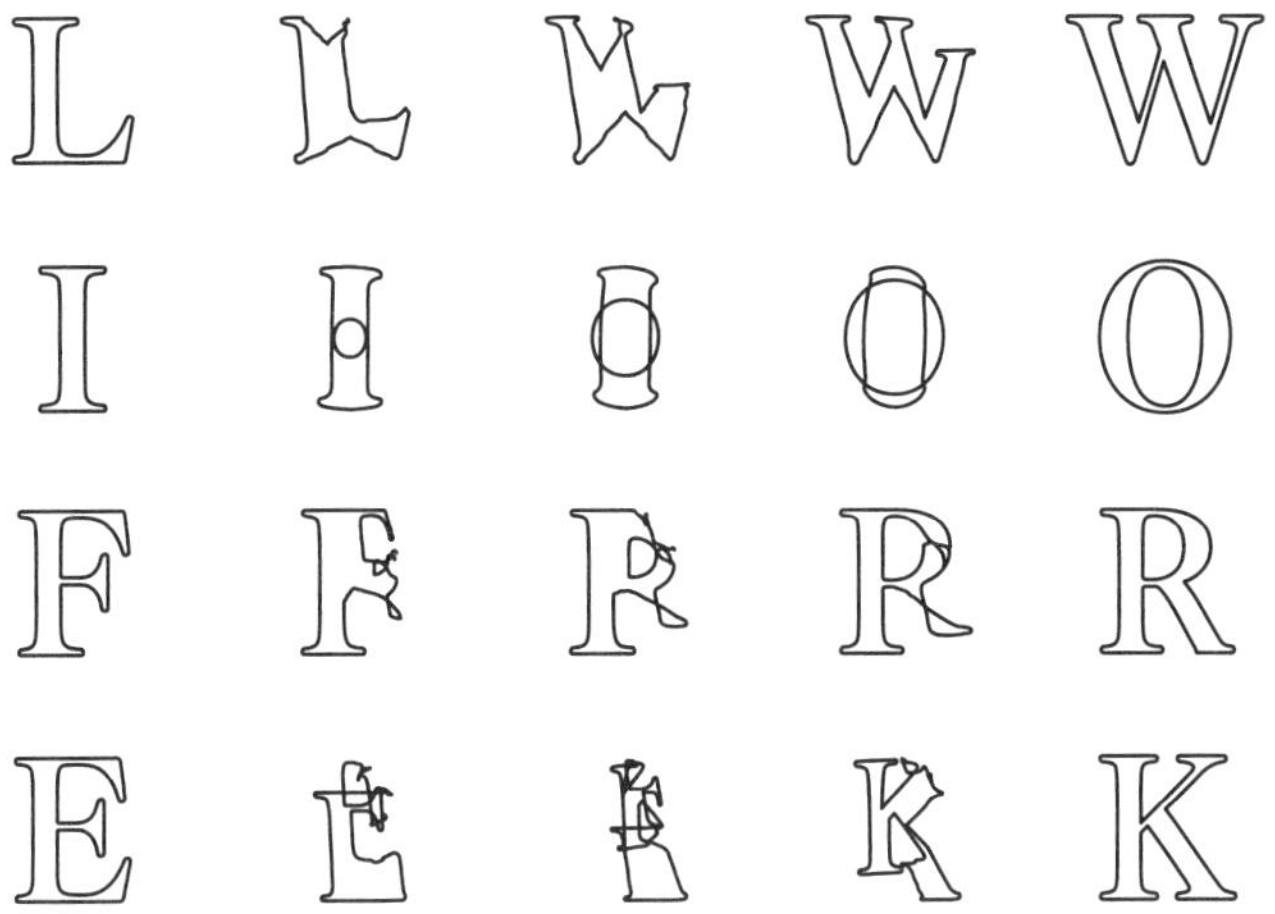

生きるように働く

ナカムラケンタ

はじめに

働いているときも、そうでないときも、自分の時間を生きていたい。

そんな漠然とした思いを持っていたけど、身近にお手本となるような人はいなかった。相談する人もいないし、求人サイトを見てもモヤモヤするばかり。嘘じゃないんだろうけど、いいことしか書いていないように感じられるし、「プライベートも充実している」とか書いてあるけど、そんなことよりも仕事そのものを知りたいし、みんなカメラ目線で仲良しアピールしてるけど、普段の職場の様子が知りたい。

自分のなかに漠然とした思いはあるものの、真っ暗なトンネルを歩いているようで、その手がかりとなるようなものに、なかなか出会うことができなかった。

ぼくは「日本仕事百貨」という求人サイトを運営している。

職場を訪ねてインタビューし、それを求人の記事にまとめる。大切にしているのが、仕事のあるがままを伝えること。このサイトを通して、たくさんの生き方に出会ってきた。なぜこの仕事をはじめたのか、今はどんな仕事をしているのか、これからどうしていきたいのか。職場を訪ねて、仕事のいいところも大変なところも引き出していく。

そうやって取材していると、一本の木を眺めているような気分になる。取材で聞いた言葉の一つひとつが、木に生えている葉っぱのように見えてくる。

たくさんの言葉はばらばらのようでいて、生き方の根底にある何かへとつながっている。葉が枝につき、枝は幹から伸び、幹が根っこへと通じているように。すべての葉っぱを届けることはできないから、このひとつの根っこを届けようと思って求人の記事を書いている。

求人というと、募集要項がメインとなることも多い。もちろん、福利厚生や給料だって、大切なこと。けれどそれだってひとつの枝葉に過ぎないんじゃないか。それよりも根っこに共感できるか。こちらのほうが大切なんじゃないか。この根っこさえぶれていなければ、きっと納得して働くことができると思う。

たくさんの取材を通していろいろな木を眺めていると、何か共通する部分があるように感じはじめる。枝の張り方や幹の太さなど、樹形はそれぞれなんだけど、どれも根っこからまっすぐに伸びている何かがある。

植物にとって、生きると働くが分かれていないように、取材をした人たちにもオンオフのない時間が流れている。生きるように働いている。

この本は、生きるように働くとはどういうことかを、考えた本です。いろいろな人たちが、芽を出し、枝を伸ばして、一本の木になっていくまでの話を聞きました。何か自分と共通することが見つかったり、同じようなことが書かれた文章を思い出したり、新しい発見をしたりすることがあるかもしれません。発見したことは、お会いしたときに教えていただけたらうれしいです。

生きるように働く

目次

III　根を張り、幹を伸ばす

IV 枝を張り、葉が茂る

V 森になる

※本書に登場する方々のプロフィールは
巻末にまとめて記載しています。

Ⅰ

種を蒔き、
水をやる

仕事百貨が生まれるまで

人にとっての水やり

種は水をやらなければ芽が出ない。もう少し正確に言うならば、種は水を吸って、幼い根が種皮を突き破って、はじめて発芽する。そして根を張りながら、ぐんぐんと伸びていく。人はみんな、自分のなかにそんな種を持っているように思う。

ただ、その種に気がつかない人もいるかもしれない。あるいは気づいていても、そのまま戸棚の奥にそっとしまったままの人もいるんじゃないか。どんな種も、水をやり続けていくといつかは芽が出る。ぼくが出会った、生きるように働いている人たちは、それぞれにこの水やりをしてきたように見える。すぐに芽が出る人もいるし、長い間、ずっと水やりをして芽が出る人もいる。

植物と同じように、発芽までの間だけでなく、芽が出た後も水やりは大切なこと。落葉し、ひっそりと力を蓄えているような時期はあっても、人は生きている限り水を求めるのだと思う。

それなら人にとって、水やりとはどういうものなんだろう。ぼくが考える水やりは、いろいろな生き方、働き方、価値観に出会うこと。ぐんぐんと枝を伸ばし、成長している人。大きな木になって、どっしりと構えている人。そんな人たちの言葉、つまり葉っぱを受け取る。もしできるなら、目の前に座って、会話してみるのがいい。そのほうが多くのものを受け取ることができる。

引越し人生

ぼくがたくさん水やりをできるようになったのは、たくさんの人に会う機会があったからだと思う。生まれてから中学校に上がるまで、父が保険会社に勤めていたこともあって転勤が多く、何度も引越しを繰り返していた。せっかく仲良くなったかと思ったら、また引越し。

それでも嫌がらずに転校を続けられたのは、新しい引越し先でもまた新しい友だちができると期待できたから。転校生としての経験が積み重なるうちに、期待は確信に変わり、初対面でもすぐに打ち解けることができるようになった。

同い年の小学生でも、地域や学校によっていろんな考え方やルールがあった。たとえば、東京から宮崎に引っ越したときにびっくりしたのが、学校での服装は短パンじゃないといけなかったことや、グランドでは裸足じゃないといけなかったこと。サッカーなどをするときは運動靴を履いてもよかったし、今はこんな習慣はなくなっているかもしれないけど、当時のぼくは「こんなやり方もあるんだ！」とびっくりしたことを覚えている。

そうやって知らず知らずのうちに新しい価値観を受け入れる力がついていった。両親はもしかしたら、転校を繰り返す息子を不憫《ふびん》に思っていたのかもしれない。でも本人はそんなことはなくて、転校というものを楽しんでいた。

世の中にはたくさんの価値観があることを知ると、自分も身近な人たちの考え方にとらわれず伸び伸びとやっていこう、という姿勢に変化していく。いろんな人が世の中にはいるし、それなら自分もやりたいようにやろう！　ということになる。

そうすることで、まわりから浮いてしまったり、衝突したりすることもあった。「あいつは宇宙人だ！」なんて言われたこともあったけど、そういうことも含めて楽しめるようになった。自分からまわりに働きかけていくと、いろんな偶然が重なっていく。もちろん、困ったことも起きるけど、たいていは面白いこと。

そういう経験が身に染みていくうちに、新しいことでも警戒しなくなった。どんどん行動して、進んでハプニングを起こしてみる。そうすると、面白いことがどんどん加速していく。

いい場所とはなんだろう

引越し人生だったことで引け目を感じることもあった。それは地元と言える場所がないこと。ずっと引越しを繰り返していたので、実家はあるけど、地元はなかった。いつも転校生であり、旅人のようでもあり、お客さんというような感覚だったのかもしれない。

だから、拠《よ》り所《どころ》になる場所がない、という漠然とした心細さがあった。中学も高校も、いろんな地域から生徒が集まっている学校だったので、地元という感覚が生まれない。

やがて、自分の帰る場所、居場所みたいなところを、自分でつくることはできないか、と考えるようになった。

そこからずっと「いい場所とはなんだろう」ということを考えてきた。いい場所を自分でつくることができれば、そこに帰ることができる。どうしたらいい場所をつくることができるのだろう。

たぶん、それはぼくにとっての種だった。ここから三つの水やりをしてきたように思う。その一つ目が、学生時代の出来事だった。

自分の場所をつくる建築家

大学受験が近づくにつれて、場所をつくる勉強をしたいと考えるようになった。調べてみると建築学科がよさそうだった。建築家はなんだかカッコよさそうだったし、明治大学の建築学科に進学することにした。

入学式を終えてから学科のオリエンテーションに参加したときのこと。そこにいる誰もがまだ何者でもない代わりに、果てしない可能性を持っていた。独特の熱気のなか、シラバスをめくりながら、ぼんやりと話を聞いているると、途中でどこを話しているかわからなくなってしまった。となりの男子学生に聞いてみる。映画だったら、きっとこういうときに話しかけたヤツがだいたい友だちになる。ぼくもまったくそのとおりになった。彼の名はノムさん。

建築学科の学生はほぼ一〇〇パーセントが建築家になるつもりで入学してくる。もしかしたら、ノムさんはこの熱気あふれる講堂のなかで、もっとも建築家になるという気負いがなかったかもしれない。なぜなら彼の本命は医学部だったから。そこに落ちてしまったから、建築学科に進学した。その後、そんなノムさんが建築家の道を突き進むことになり、ぼくは途中でドロップアウトするなんて、人生は予想どおりにいかない。

はじめはぼくも建築家になりたかったから、気合をいれて授業に参加した。空回りすることもあったけど、評価もしてくれたし、絶対に自分は建築家になるんだ、という強い気持ちがあった。けれど、だんだんと自分がしたいことではないような気がしてきて、モヤモヤすることが増えていく。

建築学科に在籍したことがある人ならわかるかもしれない。設計の課題はだんだん具体的になり、制約が増えていく。「敷地はここ」「用途は美術館」というように。たくさんの条件があるなかで、それらを解きながらデザインしていくことこそ設計の醍醐味《だいごみ》なのかもしれないけど、自分にとってはそうじゃないことに気がついた。

ぼくはデザインするだけでなく、何をするのか、どこでするのか、誰とするのか、どうやってするのか、あらゆることを自分で決めたかった。誰かのために設計をしたいわけじゃなくて、自分の考える場所をつくるために設計がしたかった。でも建築家の一般的な役割は、誰かの場所をつくること。自分の場所をつくる建築家なんて仕事は世の中にあるのだろうか。

新築よりも自由なリノベーション

ゼミの課題で、伊豆の下田にある古い製氷所を再生する、というものがあった。ノムさんも同じ研究室。今では取り壊して新築するだけではなく、古い建築を活用する「リノベーション」も一般的になっている。けれど、当時（二〇〇〇年代のはじめころ）はまだリノベーションの黎明期《れいめいき》で、その兆《きざ》しが生まれつつある時代だった。余談だけど、ぼくがぼんやりと建築家じゃない何かを模索していたもうひとつの理由に、こんなに建物があふれているのに、これ以上新築しても仕方ないんじゃないか、という思いもあった。

冷凍船が発達する前は、船に氷を積み込んで漁に出ていた。その後、氷の需要がなくなり、製氷所は閉鎖される。ゼミの課題は、長い間空き家のままだったその建物を、再生することはできないか、というものだった。何度も下田に通い、研究室にも徹夜で泊まって作業した。

そして、いよいよオーナーに提案する日。ぼくらは意気揚々《いきようよう》と発表した。まちがいなく形になると信じて。ところがこちらの期待とは裏腹に、オーナーの反応は鈍かった。ぼくらが目をキラキラさせているのと対照的に、渋い顔をして、あまり興味がなさそうにも思えた。

今、振り返ってみれば当たり前なのだけど、ぼくらは基本的にデザインの提案しか用意していなかった。もっと正確に言うならば、ぼくらはデザインしかできなかった。けれど、それだけではプロジェクトは前に進まない。プロジェクトを進める上で「いくらお金がかかって、いくらお金を生むのか」ということは避けて通れない。場所をつくるにはデザイン以外にも知らなければいけないことがたくさんあるのだ。

ただ、新しい発見もあった。それは、古い建物を活用するリノベーションは、新築よりも自由なんじゃないかということ。

新築は更地から考えていけるのに、リノベーションはすでにある建物を活用しなくてはいけない。普通に考えれば、制約も多いから不自由な気もするけど、一般的にはリノベーションは新築に比べて予算が少ないので、建築家は設計だけでなく、コンセプトを考えて、自ら広報し、お金のことも考えなくてはいけないことも多い。それを大変だと考える人もいるかもしれないけど、ぼくはその裁量の大きさを自由だと感じた。

そんな経験を経て、自分の進路を考えるタイミングがやってくる。場所をつくるために必要な経験をひととおり積めるところはないだろうか。デザイン以外のこと、たとえば、お金のことも、法律のことも、建てた後のことも、ひととおり経験したい。

ぼくはとにかくいろんな大人に相談した。気になった人がいたら連絡を取って、一人で訪ねて、相手の話を聞いて、自分のやりたいことを相談した。そして、また新しい人を紹介してもらう。そうやっていろんな人と会って話をしていると、みんなが同じ不動産会社を勧めてくれた。まったく知らない会社だったけど、「そんなに勧めるなら」と思って応募した。就職活動は順調に進み、大学院を修了してからその会社で働くことになる。

だんだんと醸成していく場所

二つ目の水やりは、大学院を卒業するころだった。卒業したら実家を出ようと思っていたら、ノムさんから「一緒にシェアしないか？」と誘われた。ノムさんは大学のときから同じ建築学科の三人でルームシェアをしていて、そのなかの一人がいきなり上海勤務になってしまった。とはいえ、そこに転がりこむと、実家から勤務先に通うよりも時間がかかってしまう。そこで、都心に一緒に引っ越してシェアすることを提案した。物件はみんなが納得できるものをぼくが探してくる、ということで承諾してもらう。

三人の勤務地を考慮して、まずは世田谷区の三軒茶屋駅周辺を探すことになった。物件の条件は三人でシェアできること。もう一つは自分たちでセルフリノベーションができること。

三人とも建築学科卒だったので、どうせなら古民家みたいなところをリノベーションしてみたいと考えた。もう一人のハルくんは構造設計を専攻していて、実験で木材の加工にも長《た》けていたし、セルフリノベーションをするには最適なメンバーだった。ノムさんは設計を担当、ハルくんは構造計算を担当しつつ工具の使い方をみんなに教える。ぼくは、コンセプトを考え、不動産、契約まわりも担当することとなった。

とはいえ、まだまだ二〇〇〇年代に入ったばかり。今ではシェアハウスやDIYできる賃貸も一般的になってきているものの、当時はまだそんなことをやろうとする人はほとんどいなかった。だから不動産屋を訪ねても、基本的には門前払い。とくに大手の賃貸仲介会社は話にもならない。そこで、もともと昔から地域にあったような古い地場の不動産屋を中心に探し回った。

それでも見つからなかったので、場所を中目黒駅周辺に移すことに。当時の中目黒はカフェなどが増えつつあるときで、街が大きく変わっていった時期だった。中目黒駅の改札を出てすぐのところにあった不動産屋に入ってみた。

シェアしたいこと、できれば自分たちで改装したいことを伝えると、いきなり物件がでてきた。古い一軒家で、駅から徒歩八分ほど。なかなか借り手が見つからなかったので、もしかしたら改装してもいいかもしれない、とのことだった。そのまま内見させてもらうことに。外観は予想どおり古い。築五十年以上の古民家で、お風呂がバランス釜なのが気になったけど、3LDKでシェアできる間取りだった。ノムさんやハルくんに相談してOKをもらい、大家さんと交渉することに。

ぼくらが提案したのは、工事費を自分たちで負担する代わりに、家賃を安くしてほしいというもの。大家さんとしては、しばらく空き家だった物件から家賃収入が入ってくるようになるし、費用をかけることなく物件をリノベーションすることができる。そしてぼくらが出ていけば、家賃を値上げしても喜んで入居してくれる人が現れるかもしれない。ぼくらとしても自分たちでリノベーションできることはものすごいチャンスだったし、家賃が安くなることで、数年間住んでいれば工事費をかけたとしても元は取れる計算だった。提案は受け入れられて、晴れて契約することになる。

このセルフリノベーションを通して、デザイン以外のこと、たとえばお金のことや契約、それにプレゼンやプロジェクトをマネージメントしていくことまで、ひととおりのことが学べたように思う。もうひとつ気づいたのは、使いながら変えていくデザインというものの面白さ。

新しい建築や場所ができあがると、オープニングをピークにして、だんだん盛り下がっていくことも多い。建物は建ったあとが本番だというのに、完成したときがもっとも輝いていて、あとは消費されていくような感じ。みんなオープニングのレセプションには来るのに、そのあとは近寄らなくなったり。そうじゃなくて、建ってからだんだんと深みを増すような、よりよい空間をつくる方法はないのかと考えていた。

その点、セルフリノベーションは画期的な手法だと感じた。自分たちの手でリノベーションすれば、完成したあとに自分たちの手でやり直すこともできる。竣工《しゅんこう》のときがピークではなく、だんだんと醸成していく場所になる。

中目黒で出会った、ある人気カフェのオーナーさんも、「お店の家具の配置や流す音楽は現場のスタッフに任せている。やっぱりその場にいるからこそ、こうしたほうがいい、というものはわかるから」と話していた。空間や場所は、柔軟に変化していくほうがいい。どうしたらいいかは、そこにいる人が一番わかっている。自分たちで場所をつくっているような感覚があることも楽しい。まるで植物が育つように、場所は成長していく。

いい場所には、ぴったりな人たちがいる

こんなふうに、いつも「どうやったらいい場所は生まれるのか？」とか「自分の場所をつくるにはどうしたらいいか？」ということを考えてきた。そんなときに出会ったのが、三つ目の水やりとなった「スロージャム」というバーだった。

中目黒の目黒銀座商店街の一番奥、五番街にある。駅前のお店は移り変わりが多いけど、このあたりは、ずっと続けているお店が多い。はじめて訪れたのは社会人になって、一年目の夏だったと思う。最初は友人とふらりと訪れた。

そのあとふと思い立って一人で訪れるようになり、気がついたら週六日通っていた。週一日は休肝日、というわけではなく、定休日。ついつい仕事帰りに寄りたいと思ってしまう。家でお酒を飲まないタイプだったから、お酒が目的ではなかった。でも家に帰る前に、ここに寄って一杯飲むとホッとした。

スロージャムに通いはじめて二年ほど経ったときに、ふと「なぜ自分はこの場所に通っているのだろう？」と考えた。週六日も通う場所なんだから、ここには「いい場所とは？」という問いの答えが隠れているかもしれない。

食事やお酒はおいしいし、内装も居心地がいい。でもそれらが決め手ではない気がする。「まあ、そんなことどうでもいいか」と思いかけたときに、「何か飲みます？」とバーテンダーのベッキーに話しかけられた。グラスが空いたことに気がつかなかった。空いたグラスにハーパーのソーダ割りを追加してもらう。グラスをもらって一口飲むと、となりに座っている常連さん。

「ケンタくん、今日は飲むねえ」

いやいや、それほどでも。そう返したものの、たしかにいつも一、二杯しか飲まないのに、今夜はすでに四杯目。自分にしてはよく飲んでいる。時刻はもうすぐ〇時。明日も仕事だけど、もう少し残っていたい気持ちだった。なぜだろう。キッチンではオーナーのヨッシーさんがパスタをつくっている。カウンター席では、常連さんたちがにぎやかに会話している。ベッキーは会話にときどきツッコミをいれるものの、「おまえが言うんじゃないよお」という具合にたいてい返り討ちにあっていた。

なるほど。ぼくはこの人たちがいるから、ここに来ているのだ。一番の目的はベッキーやオーナーのヨッシーさん、それにいつもの常連のみなさんなんだ。

ずっといい場所をつくろうと、建築を勉強したり、不動産の仕事をしたりしてきた。でもいい場所って、人なんだ。ついつい通ってしまう場所には、そこにぴったりな人たちがいる。ぴったりだから、そこにいる人たちも生き生きとしている。生き生きとしている人たちがいる場所はいい場所になる。

セルフリノベーションによっていい場所が生まれていたのも、セルフリノベーションだからというよりも、場所をつくり続ける人たちがそこにいたからなんじゃないか。

その人に合っている場所なら、その人は生き生きと働く。生き生きと働いている人がいる場所はきっと素敵なところになる。それならいい場所をつくるには、建築や不動産のことを考えるだけじゃなくて、場所と人を結びつけることも大切なはず。

それって、求人サイトをつくること?


ここまでが、ぼくの水やりの話。水やりを続けていると、いつか芽が出る瞬間はやってくる。ほかの人はどんな水やりをしているのだろう。

いいハプニング

いろいろな生き方や働き方をしている人たちに会って会話する。そんな「水やり」をしているうちに、いつか自分の種が芽を出す。それなら、どうしたらいろいろな人たちに会う機会をつくることができるのだろう。

トム・ヴィンセントさんは、水やりがうまい人だと思う。トムさんは、企業や政府、自治体のコンセプト戦略づくりや、ブランディング、プロモーション、メディアやコンテンツの制作などを行っている人で、仕事の幅はじつに広い。はじめて出会ったのは、仕事百貨をはじめたころに、あるプロジェクトでご一緒したときだった。自分の知らない道を進んだり、来た道を戻らなかったりすることで、いいハプニングを起こす。するといろいろな生き方・働き方、それに未知の文化や新しい発見に出会う。

はじめてそんなことをトムさんから感じたのは、仕事百貨を立ち上げて三年くらい経ったときだった。

高松駅から乗った列車は、吉野川を渡るとすぐに徳島駅に到着した。目的地は神山町。

徳島駅から車で一時間ほどの山のなかにある町。何も知らなければ通り過ぎてしまいそうな場所だけど、世界中から移住者が集まり、ＩＴ企業がサテライトオフィスを構えたり、いろんなお店も生まれている。

駅前でレンタカーを借りて、神山に向かう。路線バスで行くのも好きだし、ロードバイクでクタクタになりながら山道を漕《こ》いでいくのもいい。駅前を抜けると、すぐに高い建物はなくなり、のどかな田んぼの広がる風景になる。車はゆっくりと山のほうへ坂道を上がっていく。

長いトンネルを抜けると神山はもうすぐ。山はだんだん険しくなり、眼下には透明感のある青い色をした川が流れている。この地域の石は「青石」と呼ばれていて、青く緑がかった色をしているので、川の色も青くて美しい。これを見ると、神山に来たんだな、と実感する。

求人の取材を終えてから、「コットンフィールド」というキャンプ場でゆっくりしていた。バルコニーから外に出ると、空と山が目に飛び込んでくる。人工物がほとんど目に入ってこない。「あの山の向こうはどうなっているのだろう」とぼんやり考える。するとトムさんがひょっこり現れた。トムさんも偶然、神山にいて、コットンフィールドに滞在しているのだそう。

「ケンタくん、ドライブでも行かない？」

考えもしなかった。それも面白そうだと考えて、早速トムさんが借りた小さなレンタカーに乗り込んだ。ドライバーはトムさん。少し上流にある寄居の集落まで川沿いに進んでいき、そこから直角に曲がって山のほうへぐんぐん進んでいく。すぐに民家は見えなくなり、気がつけば車は針葉樹の森のなかをゆっくりと進んでいた。

「ケンタくん、ぼくは来た道を戻りたくないんだ。だからどんどん進んでいくよ」

予定もなかったし、車で行けるところだったら日本の山のなかで遭難することもないだろう。「まあ、それもいいか」と思ってうなずいた。車は山道を進んでいく。ほぼ頂上のあたりにたどり着いたので車を降りてみた。真夏だというのに少しひんやりする。ちょうど視界が開けた場所で、眼下には神山の町、遠くには吉野川が見える。そろそろ戻るのかなと思っても、やっぱりトムさんは戻らない。

携帯電話の電波はとっくにつながらなくなり、カーナビにはもはや道も表示されなくなった。自分たちは今、どこにいるのだろう。少しだけ不安になる。尾根を越えて、山の反対側を進んでいくと、道は砂利道になってしまった。ところどころ小さな土砂崩れの跡もある。小さな車体をガタガタと揺らしながら進んでいく。

となりのトムさんを見てみると、慎重に運転しているものの、前しか見ていなかった。すると舗装された道が現れる。もうこれで大丈夫、という空気が車内に流れた次の瞬間、なんとまた砂利道に戻ってしまった。無言になる車内。とはいえ道は続いている。ここまで来たら、ぼくも後戻りしたくなかった。

しばらく車を走らせていると、また舗装された道が現れた。もう砂利道には戻らない。人の気配がする民家も見えるようになってきた。橋を渡ったところでレンタカーは停車した。ここから川まで降りられそうだ。たまたま瀬戸内海で泳ぐために水着を持参していたので、着替えて川原に降りていく。トムさんは「ケンタくん、いいな」とうらやましそうにぼくを眺めていた。

早速、川に飛び込んでみる。つめたくて気持ちいい。川のなかは透き通っていて、息を止めて潜っていると、まるで時間がゆっくり進んでいるような感覚になる。水面から顔を出して森を見あげると、山の風景が飛び込んできた。あれを越えて、ここまで来たんだ。

となりを見るとトムさんもズボンをまくって、川に足を入れて佇《たたず》んでいる。こんな経験をしたいと思っても、おそらくガイドブックにも載っていないし、インターネットでも調べることはできなかっただろう。トムさんの思いつきがあったからこそ、こんな素敵な時間を過ごすことができた。

今でこそ、来た道を戻りたくないというトムさんの気持ちがよくわかる。どうせならまだ見たことのない道を進んでいきたい。

助手席に乗って砂利道を走っていたときは「なぜドライブに来てしまったのだろう」と考えていた。つまり、期待よりも不安な気持ちが大きかった。でもきっと、トムさんは来た道を戻らなかったり、知らないほうを選択したりしながら生きてきた人なんだと思う。

このドライブから数年後、トムさんと飲みに行くことがあった。そのときにあのドライブの話になった。どうして来た道を戻らなかったのか。すると日本をはじめて訪れたときのことを話してくれた。

「日本に来る前はアメリカにいたんですよ。イギリス出身なんですけど、アメリカに留学してて。そこで、日本人の女の子と出会った。で、彼女に『夏休みは日本へ帰るけど、一緒に来ない？』って誘われて、『日本かぁ』と思って。『日本ってどこだっけ』という感じだったからね。彼女以外には接点もないし、何の関心もなかった。それでも『まあ、いいか』と思って来たわけ」

お金がなかったトムさんたちは、安く旅をしたかった。まだインターネットもない時代で、情報も少ない。まずは東京のユースホステルセンターに向かうことにした。

「そこで登録してカードをつくった。そうすると本をもらうんですよ。全国のユースホステルガイド。マンガ雑誌みたいな安い紙でできていてね。お金がないから新幹線にも乗れない。安い電車で回ろうと。それでガイドを見て泊まる場所を探すと、お寺のマークがいっぱいついているんですよ。卍の。全国にはユースホステルをやっているお寺がたくさんあることを知って」

話を聞いていると、どうやらたどり着いたのは福井県のとある町らしい。夕方くらいに駅に降り立って、バックパックを背負ってお寺に到着。まわりには田んぼが広がっていた。

「なかに入ってチェックインしたら、その晩は私たちしかいなかった。ちなみにユースホステルは、男女別々なんですよ。それは全世界、共通のルールで。彼女は女子部屋に行って、ぼくは男子部屋に行って。男子部屋はぼくの記憶だと一〇畳ぐらいだった。荷物を置いて襖《ふすま》を開けると、すぐとなりは本堂なんですよ。南無南無《なむなむ》する場所が目の前にあった。木魚。金の蓮《はす》の花。仏像。そんな本堂のとなりには、ちょっとしたくつろぎスペースもあるの。小さなテーブル。ビニール製の黒のソファ。あと古い自販機。コカコーラの、赤くて古いやつ。その自販機が、ちょっと古いからかコンプレッサーが一分に一回ぐらい動きはじめて『ブブブブブブ』って音がする」

自販機のとなりには本棚があって、その上にあるテレビからは野球のナイター中継が流れていた。お風呂に入ったあとに自販機でコカコーラを買う。ビニール製のソファに座って、灰皿があるからタバコに火をつける。テレビからは「パッパラパッパッパッパッパッパッパッパッパ」「チャチャチャチャチャチャチャチャチャチャ」というプロ野球の応援する音。そして思い出したように自販機から「ブブブブブブブ」という音がする。

「そんな場所にいたわけ。そこからちらっと見えるのは、南無南無する場所なんです。お香の匂いがプンプンするわけ。『すげー、日本!!』って思った。ぼくにとってはエキゾチックな、仏教の祈りの場があって。そしてとなりにはコカコーラと野球。当時はマルボロを吸っていたから、赤いマルボロ」

すると和尚《おしょう》さんがやってくる。

「七十五歳くらいだったかな。着物を着ていた。夜だから、ちょっと気楽な着物という感じで。すごく覚えているのは、旅館の安っぽいスリッパあるでしょ。ああいう黄色のスリッパを履いていて。そしてぼくのとなりに座るんですよ」

その間もテレビからは野球の音がして、また思い出したように自販機のコンプレッサーが動き出す。ちょうど夏だったので、外ではセミも鳴いていた。

「それで英語で会話しながら『これ、なんですか？』って聞いたんです。そしたら、野球や自販機、お香の香り、すべてをひっくるめて『これが禅です』って話す。庭の奥に木があったでしょ、って言うんです。あれは桜の木で、毎年春になると、すべての力を出して、真っ白な花を咲かせる。一週間もしたら、一年かけて咲いた花がパラパラと地面に落ちてしまうんですよ。たった一週間で。それが禅だよ、と言うんです」

「今度は『あの音、聞こえる？』って。『ミーンミーン』ってセミの鳴き声が聞こえる。イギリスにはセミはいないんですよ。セミは生まれてから七年間、土のなか、暗闇のなかで過ごしている。そのあと土から出てきて脱皮して、一週間くらい飛び回って、相手を見つけて交尾して卵を産んで死んでしまう。それも禅だよって。野球が『チャッタラッタタッタッタッタッタッタッタッター』で、コカコーラの真っ赤な自販機が『ブブブブブブブ』っていって、後ろに仏像があって、お香の匂いがプンプンしてて。で和尚さんが、安っぽいビニール製のスリッパ履いてこんな話をして。ぼくはタバコを吸いながらコカコーラを飲んでいる。その瞬間に『この国のことをもっと知らないとダメだなあ』と思って、今に至る。ぼくもイギリスに生まれて、キリスト教の厳しい学校に行っていたので、教会にはよく行った。だから教会がどういうものかは知っていたつもり。お祈りする場所であり、神様の家」

コカコーラは飲まないですよね。

「飲まない」

タバコも吸わない。

「吸わない。野球も観ない。寝泊りもしない。お祈りの場。キリスト教よりも長い歴史のある仏教。そのお寺のなかでコーラ飲んだり、タバコ吸ったり、お風呂に入ったり、パジャマ姿でのんびり野球観て。わざわざ和尚さんが来て、めちゃくちゃ哲学的な話をしてくれるじゃないですか。で、あれはですね、たぶん和尚さんにとっては、別にどうでもいい話で。今聞いたら、セミと桜の話も違った印象を受けるかもしれない。でも、当時はすごくわかりやすかった。ほんとに禅なのかどうかについては、いろんな疑問が出てくるんだけど。その当時の、よそから来たぼくにとってはぴったりな話だった。これが許されるのが日本なんだと思った。今考えると、許してなんかいない。だって許すためには、そもそもそれがダメという感覚が必要だから。もとからダメという感覚がない」

ただただ、そこにあった。

「そうだね」

衝動と付き合う

日本仕事百貨をはじめる上で、水やりになった一冊の本がある。それが『自分の仕事をつくる』。はじめて手に取ったのは、社会人になってすぐのころだったかと思う。場所は世田谷区・九品仏《くほんぶつ》にある「D&Department」だった。面白いお店があると聞いて、はじめてふらりと立ち寄ったときのこと。一階がカフェになっていて、二階に上がるといろいろな家具や雑貨が並んでいる。「ロングライフデザイン」という考え方のもと、息の長いデザインにあふれていた。それらをゆっくり見ているだけでとても楽しい。

ぶらりと店内を歩いていると、書籍が並んでいるコーナーを発見。そこにあったのが『自分の仕事をつくる』だった。手に取ってペラペラと眺めてみたら、なんだか惹かれたので買ってみた。しばらくして読みはじめたら、すぐに引き込まれてしまった。著者の西村佳哲《よしあき》さんがいろいろな職場を訪ねて話を聞きながら、自分が感じたことが書かれている。ただ、世の中にある仕事や働き方の本とは違った雰囲気を持っていた。

たとえば、仕事に関する本でよくあるもののひとつが、「この法則さえ守ればうまくいきますよ」というもの。答えはありますよ、という姿勢の本。ぼくはこういったものが苦手だった。その法則はひとつの答えなのかもしれないけど、自分の答えではないかもしれないから。それに答えは自分で見つけたい。

『自分の仕事をつくる』は、本を手に取ってみればわかるように、下にある余白がとても広い。それは本に書いてあることだけでなく、自分が感じたことを大切にしてもらいたい、という思いから。本を読んでいて、何かメモしたいことがあれば、そこに書き込むことができる。何度も読み返していると、毎回いろんなことが思い浮かぶ文章になっている。まるで西村さんに同行して、一緒に話を聞いているような感覚。そこから得られるものは、読み手の数だけある。

日本仕事百貨を立ち上げて一年ほど経ったころ、はじめて西村さんと直接お会いする機会があった。西村さんは働き方研究家として、本を書いたりワークショップを開催したりしながら、ものづくりや建築計画、組織開発にもかかわっている。あるプロジェクトでご一緒したことがきっかけで、困ったときには相談させていただいたりもしてきた。あるとき、ふと西村さんはどんな水やりをしていたのだろうと思って、話を聞くことがあった。

二〇一五年の春、西村さんが住んでいる徳島県の神山町を訪ねた。そう、神山はあのトム・ヴィンセントさんとドライブした場所。話を聞いたのは、神山にある「粟カフェ」。天気がよかったので、外にあるテーブルに座る。はじめに近況を話して、落ち着いたところで西村さんにこれまでのことを振り返ってもらった。

「俺、高校三年生の夏休みまで、進路決められずにいたんだよ。中学高校時代は赤点くんだったのね。THE赤点くん。学年順位だって、下から数えて五番目以内みたいな感じだったんですよ。勉強できなくて。それでね、『どうすんだ、俺』って思ってたんだよね。でも高三の夏休みに『あ、美大に行こう』って思ったの」

なぜ美大だったんでしょう。

「それにはいろんな伏線があるんだけど、高校二年生ぐらいのころから、いろんなクリエイターに会ってるんですよ。学校に居場所がなかったから、だと思うんだけど。『ぴあ』という情報誌があって、たまたま読んだことがあったの。はじめに映画のロードショーの情報が載っていて、そのあと四ページぐらい自主上映のページがあった。そこにどこかの映研が撮った8ミリとか、『戦艦ポチョムキン』上映会とか、そういうのがいろいろ載っていて。『ああ、こんな世界があるのか』と思って、ぼーっと眺めていたら、そのなかに、『ムービーメイト100%』っていうすごいダサい名前の団体があって。そこが新作で『オレンジング79』とかいう映画の上映会をやるって書いてあって、なんかそれにぐっと惹かれたんですよ。読んでいくと、豊島区民センターで約一週間後の土曜日にやると。入場料は五〇〇円。あるいは葉っぱ二枚って書いてあったの。当日は池袋駅で降りて、手前にあった公園のツツジの植え込みで、葉っぱ二枚ぷっぷって現地調達。そしたら、みんな並んで、お金払っていて。『うぅー』とか思いながら並んで、『あの、葉っぱなんですけど』『あ、葉っぱですね』みたいな感じで入れた」

「映画は面白かったたし、居心地がよかったんだよね。ぼくよりちょっと年上の人たちがいて、そこに入り浸るようになるんですよ。『ムービーメイト100%』って名前なのに。自分にとっては脈がよかったみたいで。そこには、いろいろなところで活躍する人がいたの。たとえば、俺より年上の男の子に、手塚眞さんがいた。手塚治虫さんの息子さん。映画を撮ってる人たち以外にも、そのまわりの編集者だとか、映画好きの人たちがいて。高校生という特権もあって、みんながけっこうかわいがってくれた。たとえば、漫画系の編集者の秋山協一郎さんに誘われて、彼のパートナーの高野文子さんや大友克洋さんにも会ったり。夜の映画館で大友さんと再会したら、『西村くん、映画撮ろうと思ってるけど、16ミリ出ないか?』みたいに言われたの。すぐに『はい、出ます』って答えて。日曜日に電話がかかってきて『今から糸井重里さんたちと個展を見に行って、その帰りに蕎麦《そば》食べるんだけど一緒に行かない?』みたいなこともあった。そのときも『はい、行きます』って、返事して」

「そんな感じで、横で蕎麦食べたり、グレープフルーツジュース飲んだり。そういうのが俺の高二、高三、浪人生。映画好きの人たちも漫画描いてる人たちも、みんな自分で考えて、自分でつくるということをやっているわけですよ。それに感化されたんだと思う」

「でね、その伏線はさらにもうちょっと手前にもあって。小学校六年生ごろからあんまり学校に居所がなくてね。しかも学校が私立だったこともあって、通学に一時間半ぐらいかかった。近所に帰ってくると友だちいないじゃん。日曜日に近所のグラウンドに行って、地元の中学生たちのチームに『あの、入れてください』とお願いしたこともあった。まあ、そんな感じで本当に居所がなかったから、小学校の帰りに、雑誌の編集部へ遊びに行くこともあった。そのとき行っていたのは『短波』という雑誌の編集部。当時、海外短波を受信するのがブームで、その編集部を訪れて、自分も『短波』読んでます、みたいに話して。すると『なんか小学六年生が来たぞー』みたいな感じになってね」

いきなり編集部に行くなんてすごいなあ。どういう心境だったんでしょう？

「まあ、基本的に持て余してるわけよ、時間とエネルギーを。それで自分の身のまわりにあるものを『わー』ってサーチして、『あっ』て思ったところに飛び込んでいくのが、わりと得意技で。そのときは『短波』の編集部だった。中学生になると、漫画専門誌で『ぱふ』という雑誌があって。西新宿のぼろアパートにあったその漫画の編集部にも入り浸ったよね。そこの人たちが『もう来月号出せない……お金がない……』みたいに苦しんでいるのを横で見ていて。でもみんなさ、好きでやってるんだよ。しかも、とことんやるのよ。お金ないない言いながら。あと、中学生のころに愛読書だったのが、宮脇檀《まゆみ》さんっていう住宅建築の建築家のエッセイ。すごい読んでいたのを覚えてるんだよね。だから空間をつくるとか、場所をつくっていくということへの関心は、基本的に高かった。

そういうのって、あとから線でつながるから面白いよね」

「これもなんか恥ずかしいんだけど。高校二年生ぐらいのとき、教室のうしろの黒板に『ニシム企画』とか名前書いたことがあった。すると『なにこれ?』みたいにみんなが言ってきて、『なんですかね』って答えたことがあって」

今は企画の仕事もされていますよね。

「そうなの。本人は知ってるんだよね。自分が進んでいく方向を。体は動いて『ニシム企画』なんて名前まで書いているのに、思考は追いついていない。でも十数年後に、デザインプランニングとか、プロジェクトプランニングの仕事をするようになるからね」

漠然とわかっているけど、まだ思考は追いついてない、ってどういうことなんでしょう。

「まず企画っていう言葉自体よくわかっていないんだけど、でもなんか惹かれるなあ……って感じ。それで美大を卒業してから鹿島建設に入社して、インテリア設計をすることになった。ほんといろいろな機会をもらったし、いい経験させてもらった。感謝以外のなにものもないです。入社してから最初のうちはとにかく一生懸命仕事だよね。怒られながら、ヒーヒー言いながらやってて。インテリア設計って、建築工事のなかで言うと一番下流だから、最後に時間のしわ寄せがくるところ。『明日貼る壁紙、今夜決めて』みたいな感じのことがある。で、そんな仕事をしているとね、考えるのが好きな自分としては、ちょっとしんどくなってきたんだと思う。企画のほうに自分が手を伸ばしはじめるんだよね。二年目くらいだったかな。『西村くん、OA（コンピューターやコピー機のこと）導入するからその担当やって』って言われて。DOS/Vを見た瞬間に嫌だなあ、と思ったの。それで他にないのか調べてみたら、ちゃんとデザインされていると思ったのがあって、よく見たらマッキントッシュとある。『インテリアデザイン部だけでもこっちにしちゃいましょう』みたいな感じで言って、勝手に導入して。導入したら、使い方を教えなくちゃいけないから、マニュアルもつくって。他のセクションでも使いたいってところが出てきて、他の部署の人たちを集めて話すこともあった。仕事なんだけど、部活っぽくもある感じ。そうすると、情報系のことは西村くん、となる。たとえば『なんか面白そうな、バーチャルリアリティーカンファレンスっていうのがサンフランシスコであるので、行ってきていいですか？』『（よくわからないけど）どうぞ』『ありがとうございます！』みたいになる」

「それで会社員時代の終わりのころにやったのが、公募オリンピック。『公募ガイド』っていうのは、コンビニでも売っているもので、たとえば『お～いお茶俳句コンテスト』とか『温泉のネーミング募集』とか。建築のコンペとかも扱って、さまざまな公募案件が載っている。それをたまたま読んで、いろんな小さな仕事があるんだなあと思って。これにみんなで応募してみるのはどうかって考えたのね。そのころ、社外の友人がたくさんいて。グラフィックデザイナーとか、編集者とか、女優の子とか、音楽家とか、いろんな仲間たちに声をかけて、何年何月号の『公募ガイド』を買う。そのなかで、自分がこれと思った案件、ただし自分の専門領域ではないものにチャレンジして、その結果をみんなで楽しむというのを考えたのよ」

面白いですね。やっぱり企画なんだな。

「自分たちが普段やっている仕事の幅をちょっと広げて、新鮮な空気を入れてみようという感じかな。あるいはなんだろうな。自分の能力を、専門領域じゃないところで試してみようとか、仕事をただ純粋に楽しんでみようみたいな感じ。いろいろな意図があったのかな。働き方研究をはじめる前夜にやってることのひとつ。遊びなんだけど、すごく面白かった」

公募オリンピックに、働き方研究。ほかにも会社員のときから、いろんなことをはじめているんですね。その行動を突き動かしているものってなんでしょう。

「自分の衝動というか、思いついちゃったことに振り回されている感じ。それに自分が付き合ってる感じ。実践が大事とか頭で考えているのではなくて」

衝動なのか。

「そうそう、『自分の仕事をつくる』という本も、鹿島建設時代の課外活動で、あるデザイン誌の副編集長の男の子に出会ったのがきっかけで。会社辞めてしばらく経ったときに、彼に『こういう連載を思いついたんだけど、書かせてもらえないだろうか』というメールを、夜に思いつきで送って。そしたら次の日に『いいね、やりましょう』となった。それも衝動だよね。これ書かないと死ぬみたいな感じになって。三十一歳ぐらいのころに連載はじめて、三十四歳ぐらいのときに『本にしないか?』っていう話がきたの。でも書いては途中で他の仕事が忙しくなって止まっちゃって。また一から書き直して、そこでまた時間切れになって。五年目でやっと書けた。最後の三年間ぐらいは本屋さんに行けなかった。自分はまだ書いてないじゃん。でも本がいっぱいあるわけですよ。ちょうど同じころに、リリー・フランキーが『東京タワー』を出した。彼は武蔵美《むさび》の同期で、一緒の軽音で他のバンドをやってた関係。それが一〇〇万部、二〇〇万部ってなって、『ああ、リリーは、いったか……』みたいな感じ」

西村さんのときの大学って、『東京タワー』みたいな感じだったたんですね。

「おれ、読んでないんだけど(笑)。つらすぎて……」

あ、すいません(笑)。西村さんは、それから何冊も本を出されているんですけど、でもやっぱり、ぼくもまわりもみんな『自分の仕事をつくる』を読んでいるんですよ。

それは最初の本だからかもしれないし、やっぱり衝動が伝わっているのかな。衝動に出会って、自分のなかに衝動が生まれた感じなんです。西村さんはいろいろな人の話を聞いて、どう感じたんですか。

「そうだな。本のなかで柳宗理《やなぎそうり》さんの話があるんだけれど、覚えている？　図面もつくらずに、プロトタイピングで家具とかをつくっていくんだ、という話。聞いている自分は設計図なしにつくっていくことがどういうことかわからなくて、すごく当惑しながらも、そのまま書きました。そうして、自分もそういうふうにやろうって思った」

詳しくは『自分の仕事をつくる』を読んでもらうとして、そこには西村さんが柳宗理さんの事務所を訪れたときのことが描かれている。柳さんが図面もスケッチも描かずにいきなり模型材料を切ったり貼ったりしながら、家具などをデザインしていくことに、西村さんは正直に「どうもイメージしきれません」と答えている。

「それでも柳さんは『いや、つくるんだよ』って言うわけだよね。『いや、つくるって言ったって、じゃあ図面描かないでどうやってつくるのかよくわかんないんですけど』

『いや、つくるんだ』って、やりとりしているときの、柳さんの『もう、なに言ってんの、君。もうこれ以上言うことないでしょ』みたいな感じは、そのときはまだよくわからなかったけど、何かあるなあって感じた。彼の気迫というか。そのことに対する姿勢っていうのかな。言葉だけじゃなく、身体や話し方にも表れてる」

振る舞いからも伝わってくるんですか。

「そうそうそう。その人について書かれた本だとか、その人の言葉がまとまっているものを読むのと、実際に会って話したり、その人がものづくりしてる空間に自分の身を置いてみるというのは、全然違う経験だよね。二、三時間いただけなのに、決定的に違うんですよ。人間は常に多面体だから、その人がぼくとの関係のなかだけで見せる面があり、家族との関係のなかだと別の面も見えたり、クライアントだとまた別の関係が見えてくる。より立体化してくる」

今でも衝動ってあるんですか。

「あるある（笑）。毎日、自分に付き合ってるんですよ。なんでこんなことはじめちゃったんだろうなあって」

II

芽が出て、葉が開く

はじめての求人依頼

独立に対する不安

種を蒔き、水をやると、いつか芽が出る。すると胚軸《はいじく》が伸びて茎となり、最初の葉っぱである、子葉《しよう》が開いていく。ぼくのなかから芽が出たのは、バーで求人サイトをはじめようと思いついたときだった。

けれど、すぐにスタートできたわけではなかった。まだサラリーマンだったし、独立に対する不安もあったし、どこから手をつけていいかもよくわからなかった。その年はそのまま仕事納めとなり、二〇〇六年の年末から年明けまで、ずっとどうするのかを考えていた。

もしこのままサラリーマンを続けたらどうだろう？　安定した人生は続くかもしれない。でも挑戦しなかったことで後悔するような気もした。それは自分の望む人生じゃない。

独立しようと考えていることを話すと、たいてい反対された。友人たちも「独立なんて、やめたほうがいい」という人ばかりだったし、先輩も心配してくれるのか「よく考えたほうがいい」というアドバイスばかり。

幸運なことに両親は、聞く耳を持たずに反対する、ということはなかった。内心、とても心配していたのかもしれない。見守るように応援してくれたのは本当にありがたかった。子どもがリスクを冒そうとしていたら、心配するのが親の心だろう。でも子どもに安定を求めるのは、自分が安心したいだけなんじゃないか。ぼくは誰かに説明したり安心したりしてもらうために生きているんじゃない。

悶々《もんもん》と考えるときにも、バーは拠り所となった。一人で考えるよりもまわりに人がいるほうが安心するし、黙々と考えていても許される。

もう自分のなかで答えは出ている。やりたいことははっきりしている。でも考えれば考えるほど、失敗の可能性の高さに怖気《おじけ》づいてしまう。考えすぎるのもよくない。少しくらいバカにならないと、独立なんてできないのかもしれない。だからバーで酔うのも悪くない。

旅行雑誌を読む感覚

就職して四年目の夏がはじまる前には退職することを決断した。そのまま、二〇〇七年十月末に退職する。しばらくはいくつかの会社で働きながら、求人サイトをオープンするために準備を進めた。どんなサイトにしたらいいだろう。人材業界にいたわけではないから、基本的な知識さえなかった。一つ参考になったものがあったとしたら、それは求人サイトではなく、不動産を紹介するサイト「東京R不動産」だった。

このサイトから学んだことの一つは、スペックだけでは伝えられないものがたくさんあるということ。ほかのサイトでは「駅から何分」「何LDK」といった情報と、写真や図面が紹介されている程度なのに比べて、東京R不動産はそういった情報はもちろんのこと、改装OKな物件や、水辺や緑が近くにあるもの、天井が高いもの、それに倉庫っぽい物件などのカテゴリーで紹介されている。

ぼくがもっとも好きなのはバルコニーが広い物件。植物をたくさん並べようとか、天気がいい日は日光浴もできるとか、七輪でさんまを焼きながらお酒でも飲みたいとか、いろんなことを想像してしまう。

人が何かを選んで行動するのは、必要だからという場合が多い。たとえば、転勤になったから住まいを探すなど。でも東京R不動産は、必要がなくても引越したくなるサイトだと思う。

なぜそうなのだろう。きっと人の心の根っこを動かすのはお金やスペックではない。それよりも、自分がどう生きたいのか。どういう時間を積み重ねていきたいのか。そんな未来を想像したいのだと思う。しかも今いる場所からちゃんとつながっている未来。気持ちを高めてくれるものは世の中にたくさんある。たとえば、小説を読んだら主人公になったような気持ちになるし、映画に励まされて自分もがんばろうと思うこともある。それは素晴らしい体験。でも住まいを変えれば、今の自分とつながった未来を変えることができる。それが東京R不動産が求められている理由の一つだと思う。

インターネットが生まれてから、誰もが主人公になれるようになった。ほとんどの人が知らないブロガーやYoutuberも、一部の人にとってみればスターであり、アイドルだ。自分にもできるんじゃないかと思えてくる。誰かのインタビューを読んで、憧れるだけでは満足できない人が増えているように思う。でも求人の記事は違う。応募して採用されれば、自分のことになる。

東京R不動産も日本仕事百貨も、はじめは気軽に読む人が多い。それは旅行に行かないけど、旅行雑誌を楽しんで読む感覚に近いかもしれない。でも、あるときビビビッと反応するものに出会ってしまった、という人が多い。今の自分に不満があるわけではない。引越しや転職をするつもりでいたわけでもない。それは水やりをしていたら、発芽してしまった、ということなのかもしれない。

いいことばかりを書かない

もう一つ東京R不動産から学んだことは、ネガティブなこともしっかり伝えること。不動産屋さんの仕事でもっとも大変なのは内見の案内。内見とは申し込みのあった方を物件に案内することで、それが物件の取材や契約よりも大変なんだとか。

もし不動産の情報を提供するときに、いいところだけを紹介していたらどうだろう。きっと内見の申し込みは増えるに違いない。でも実際の物件を見て、当初のイメージと違っていたら、きっと何度内見の申し込みがあっても、なかなか契約に至ることがない。だから、ネガティブなことも含めて、あるがままの情報をお伝えしたほうがいい。

たとえば、東京R不動産では、エレベーターがないとか、大通りに面していて音が気になる人には不向きだとか、そういうこともしっかり伝えている。求人だって同じこと。魅力的なことばかり言わないで、あるがままをお届けする。不動産の内見は、求人で言えば採用面談ということになる。どんなにいいことばかり書いても、面談のあとに辞退されたり、採用になってもすぐに辞められたりしてしまっては、求人者も求職者も困ってしまう。

とくに転職というのは、人生の大きなイベント。コロコロ職業を変えることは大変なことだと思うし、求人者もできる限り長く付き合える人と一緒に働きたい。だから、きちんとあるがままのことを紹介して、本当に興味がある人に応募してもらえればいい。たとえば一〇〇人から応募があるよりも、その会社に共感する一〇人の一人ひとりとじっくり話し合う時間を取れたほうがいい。だから背伸びして、いいことばかり書かないで、ありのままを伝える。人材業界では「母集団を広げる」という言葉がよく使われる。これが間違いの元なんじゃないか。本当に必要なことは、できる限りすれ違いのない出会いをつくること。

ただ、求人サイトがお金をいただくのは、求人者になる。つまり雇用主。彼らからお金をいただくのに、求職者の目線で書くことを許してくれるのだろうか。ネガティブなところだけ修正を求めてくることはないだろうか。

実際には、修正を求められることはほとんどなかった。あったとしても、求職者が求めていることを書くことができれば、その会社に合った人が入社してくれる、ということをきちんと説明する。そうなれば、求人者だってうれしいし、そんな求人サイトをつくっている自分たちもうれしい。そっちのほうがみんな幸せだと思う。それでも仕事の大変な部分などの修正を求められるならば、掲載をお断りすることにしている。

「できること」は重要じゃない

サイトのデザインは出世払いということで友人にお願いした。あとはやりながらよくしていけばいい。仕事にすべきことは、やりたいこと、できること、そして求められることが重なる部分だ、という話を聞いたことがある。でもこのなかの「できること」は、そんなに重要じゃないと思う。なぜなら誰もがはじめはできないものだから。やりながら学べばいいと思うし、十分な経験ができてからはじめようと思ったら、いつまで経ってもはじめることができない。

サイト名は「東京仕事百貨」にした。百貨店のように、いろんな仕事であふれている場所がつくりたかった。今は東京以外の求人も増えたこともあって「日本仕事百貨」というサイト名に変更しているけれど、当時は東京にある仕事の百貨店、というイメージで名前をつけた。「こんな仕事もあるんだ!」とびっくりする出会いを生みたかった。求人サイトで、条件を入力して検索されたものだけが、自分に合った仕事じゃない。世界はもっともっと広くて、いろんな生き方・働き方がある。

そして二〇〇八年八月に求人サイト「東京仕事百貨」がひっそりとオープンする。ブログに毛が生えたようなものだったし、はじめは話題にもならなかった。そんな小さな一歩を、友人たちが祝福してくれたのはうれしかった。もっとうれしかったのは、誰かを説得することなく、自由に自分のやりたいことをはじめられたこと。誰かに言われるがまま働くのではなく、自分の行きたいほうへ進んでいくのは心地よかった。ただ、はじめからうまくいったわけじゃなかった。

全財産が一万円を切った日

サイトをオープンして、まずは無償で求人を掲載していこうと考えていた。実績がなかったし、まだこのサイトのことを知っている人はほとんどいない。もし応援の気持ちで掲載料を支払っていただける人がいたとしても、まだお役に立つ力はない。それだったら、まずは無償で取材させていただき、記事を掲載して、お金のことは結果が出てからまた考えることにした。

ところが無償でも掲載を断る人が意外と多かった。たしかに、まだ信用も実績も何もない。そんな求人サイトに掲載することを、無償でも避けたい人が多かったのは当然かもしれない。いろんな人に声をかけて、求人の取材をさせてもらう。はじめはひと月に三本ほどの求人を掲載するので精一杯だった。お金はどんどんなくなっていく。

サイトをはじめて三カ月が過ぎたころ、全財産が一万円を切ることがあった。しかもその日は誘ってもらった飲み会があり、冷静に考えれば出席できない。結局は「まあ、どうにかなるかな」と思って参加したのを覚えている。

そのあとは、三〇〇〇枚以上持っていたレコードを売ったりしてやりくりした。ルームシェアをしていたことも良かった。中目黒の一軒家を一〇万円で借りて三人で住んでいて、そのほかにかかるのは食費や水道光熱費、携帯代くらい。最低限、生きていくのには一カ月一〇万円もかからなかった。固定費を下げれば、挑戦できる時間は伸びていく。

それでもトンネルの出口はなかなか見えない。相変わらず無償で掲載していたものの、掲載を断られることもあったし、時には「こんな文章力でよくできるな！」と怒られることもあった。たしかに取材や文章の訓練をしたことがなかったし、当時の求人記事は、まだまだ文章の質は高くなかった。

それでも途中でやめなかったのはなぜだろう。自分はストイックなタイプではない。飽きることも多い。でも日本仕事百貨だけは、途中でやめてしまいたいと思うことはなかった。本当に自分がやりたいことだったし、もしあきらめて誰か他の人が同じようなことをはじめて成功したら、きっと一生後悔するんじゃないかと思った。失敗しても、それですべてが終わるわけじゃない。またうまくできるように考えればいい。

二つのスタート

年末に一通のメールが届いた。それは日本仕事百貨のおかげで採用できた、というもの。自分がやりたい！　と思ってはじめたことでも、誰かに必要とされないままだとじりじりと辛くなっていく。なんだか自分の存在が認められたようでうれしかった。

生きるように働いている人たちの仕事には、二つのスタートがあると思う。一つが「自分ごと」であり、もう一つが「贈り物」。前者はぼくのように、まだニーズはないけど、自分がやりたいと思ってはじめたこと。「他人ごと」の反対の意味でもある。後者の贈り物は、誰かに求められたことに応えること。ただ、言われたままを返すというよりは、求められる以上のことをお返しすると、それは贈り物になる。とことん自分のやりたいことをやるか、求められている以上のものを形にして届けるか。

年が明けてから、採用に至るケースが増えてきた。そして、「ルーヴィス」という古民家などをリノベーションする会社から掲載の依頼が届く。サイトをオープンして、ちょうど半年経ったころだった。掲載の依頼をいただくなんてはじめてのこと。採用実績も増えていたところだったので、費用をいただいてもいいかもしれないと思えた。

急いで掲載料金を考えて、媒体資料を作成する。最初の打ち合わせで、代表の福井信行さんに仕事百貨のことを説明した。するとあっさりと「それじゃ、お願いします」と言っていただけた。はじめてお金をいただくことが決まった瞬間。そのあと取材をして、記事を掲載し、応募も集まってきた。それから数カ月後に、福井さんから採用に至った連絡をいただく。自分ごとが、贈り物になった。

自分ごと

「俺は〝絶対硝子感〟みたいなものを持っているのよ」

日本仕事百貨をはじめて八年ほど経ったころ、「木村硝子店」から求人のご依頼をいただいた。取材は社長の木村武史さんのこんな言葉からはじまった。「自分ごと」という言葉の意味がずっと自分のなかに入ってくる取材だった。

木村硝子店は一九一〇年創業のガラスメーカー。創業時から、プロが使うテーブルウェアの分野で、工場を持たないメーカーとして、多くの職人さんや工場とともに、日本最高峰のグラスをつくってきた。

お話をうかがったのは、文京区・湯島にある事務所。ワイングラスなどに囲まれた場所で、「絶対硝子感ってなんのことだろう?」と思っている間も、木村さんは話を続ける。

「ガラスを見たら、どういうガラスかパッとわかる。ずっと子どものころからたくさんのガラスを見てきたからね。職人さんのレベルもわかるし、ガラス工場でつくっているなら、職人さんが機械をどうメンテナンスしているかもわかるんだよ」

メンテナンスが良くないと、それはガラスに現れるんですか。

「出る。もう完全に商品に出てくるから」

それなら、どこに頼めば欲しいグラスをつくれるかもわかるんですかね。

「世界中、全部知っているわけじゃないけど、お付き合いしている会社だったら、どういうふうなものができるか、だいたいわかる。ただ、職人が技術的につくれるものでも、採算を考えると注文を受けてもらえないなんてことはあるよ。やれるんだけど『おたく、これ一個一万円払うつもりあるの?』って言われたりね」

納得してつくってもらったものの、品質が良くないことはあるんですか。

「あるよ。不良だと思うものは仕入れ先に返品するわけだ。そうしなくても、うちが販売したあとにお客から返されることだってある。でもうちが納得できないときはお客に『これは不良ではない』と言うよ。これを不良にされると経営が成り立たないと。眼鏡のレンズと同じくらい傷がないってことを望まれても、眼鏡のレンズじゃないんだからそこまでの基準で物をつくる気がない。そのグラス一個を五万円で買ってくれるっていうんなら、眼鏡のレンズに近い基準で検品するけどね。ところがうちの持っている基準と工場の持っている基準のグレーゾーンっていうのがあって、これを工場に返すのはいくらなんでもかわいそうだけど、お客さんに買い取れっていうのもちょっとな、っていうのがあるわけ。それはもうバーゲンセールで売っちゃおうと。喜んで買ってくれる。まあそんな感じだね、やり方として」

なんだか落語を聞いているような感覚。あと印象的だったのが「うちのガラスは割れるよ」とおっしゃったこと。さらには木村硝子店の商品をネット上で売りたいという人が現れても「売れないよ」とも。普通ならそんなネガティブなことはなかなか言いたくないでしょうけど。

「うちのガラスを売りたいって言われても、よく売れるのは安いガラスだって答えるよ。木村のガラスは高いから難しいよ、って言ってね」

なんでそう言うんですか？

「だって本当に売れないからね。売れるガラスと思ってないよ、俺」

それなら売れるガラスってなんでしょう。

「それはやっぱり安いガラスだね。木村のガラスは高いからそんなに売れないわけですよね。それでもうちが商売成り立っているのは、うれしいことに手づくりのガラスの良さを肌でわかる人たちが買っていってくれるからだよ。もちろん、つくってる俺もこれは良いって思うものをつくって売るわけだよ」

自分が信じるものをつくっている？

「まあ信じるといえば信じるなんだよね。ただ、まあ俺の感覚ではどっちかっていうと信じるとか信じないというより、好きなものをつくってる、っていう感じだな。ものをつくるっていうのも思いつきだし。でも人からは、そう見えないかもね」

なんて言うんでしょう。環境は変化していくし、あらかじめルールを決めて行動するより、状況に応じて行動したほうが結果もよくなるような気がします。でも結果だけ聞くと、まわりで働く人たちは大変だと思うかもしれません。朝令暮改ですからね。

「もう朝令〝昼〟改っていうんだってさ。こないだ誰かに聞いたよ。木村さん、朝令暮改だと時代に追いつかないよ、俺の会社は朝令昼改夜撤回だからさって言われて。いいね、それって言って」

今思っていることについては正直なんでしょうね。

「うん、今思ってることについては正直だよね。たとえば、今話していて何か新しい刺激をもらったとするよね。そしたら、へえ、そうなのかって思って、考えが変わる可能性はあるよね。で、俺は変わっていいと思ってんの。全然問題ないから。あんた一貫性ないねって言われようが、今この情報が入った以上、俺は変わるよ。でもスタッフの意見はなかなか聞けないんだよな」

聞けないんですか？

「だって俺の石頭がそう簡単に人の意見聞けないよな。頑固一徹にやっているわけだよ、人が何と言おうが。でも一応聞くよ。真面目に言ってきたやつの意見は、俺も物覚え悪いけど覚えてるよ。『あいつあんなこと言っていたけど、なんなんだろう』っていうように、心に残るね。どうでもいい話かもしれないけど、わざわざその話を選んでしているわけだから。どうしたら心に残るかは、俺にもわからないね」

スタッフの方とは、どんなやり取りをするのだろう。すると木村さんがあるエピソードを教えてくれた。それはショールームをお店にしようと計画したときのこと。

「『何考えてんですか、社長！』とか言うの。『何考えてるんですかって、何も考えてねえよ』ってのが俺の答えで。『ちゃんと計画、たててるんですか⁉』って言うから『計画なんかたててねえよ』と。悪いけど小売店やったこともないし、経験ないから計画たてようもないし、どうやって計画たてていいかもわかんない。実現できるかもわかんない計画たてて、満足して、計画どおりいったとかいかないとかってことを考える気もないって言ってね」

計画どおりにいくのが目的じゃないですもんね。好きな仕事をするとか、もしくは正直にやることのほうが大切。それに、やってみないとわからないですもんね。

「そうだよ。やってみなきゃわかんねえよ、って言ったら、『そうですか』って黙ったけど。あとなんかさかんに言うんだよね、『ちゃんとやろう』って。ちゃんとって何なのかよくわからないから、俺は俺のやり方でやると」

ただ、木村さんは自分の意見を押し付けていないように思います。

「そうだね。押し付ける気はまったくないね。自分も納得できないことは聞かないけど、相手に納得しろよって言うつもりもない。でも会話が増えていけば、お互いに理解してないところも理解できてくるよね。そのなかで『それ、いいな』ということがあるかもわかんない。それに少なくとも俺は命令口調では言ってないと思うよ。それからたぶん文句も言っていないと思うの。怒ったりすることもないと思う。まあ、冗談だって一〇〇パーセント伝わるときは文句も言うよ、俺も。でも相手が本気で受け取るときは冗談でも絶対に言わないね」

こんな木村さんのもとで働くのはどういう感じなんだろう。話を聞いたのは木村さんが紹介してくれた五十畑綾子《いかはたあやこ》さん。もともとパン屋で十年間働いていた方。

「パン屋は朝早いし、製造だったのできつくなってきて。もっと続けられる仕事がしたいなと思っていたら、叔母に東京ドームのテーブルウェア・フェスティバルに出展していた木村硝子店でアルバイトしないかって誘われたんです」

そのときに木村さんと出会ったことがきっかけで一緒に働くことになった。はじめの印象はどうでしたか？

「まあ、なんか個性的な人たちで。でも悪い会社じゃなさそうだなって思って。今はもう丸二年経ちました」

今はどんな仕事をしていますか?

「商品管理ですね。在庫を確認して、梱包して発送する」

はじめはどんな仕事からはじめるんですか。

「はじめのはじめは、品物の場所を覚えるところからでしょうね。まあ、覚えなくてもパソコンを見れば保管している場所がわかるので、自然と覚えちゃう感じなんですけど。あとは立ち仕事で、重いものを運ぶこともあります。体は締まりますね。私は太りましたけど」

木村社長のことはどう思いますか?

「まあ、変わっていますよね。変わっていませんか？」

そうですね。ただ話は論理的だし、意見を押し付けないし。相手の話は聞くけど、簡単には受け入れないような感じもします。

「そうそう。社長が話すときは、もう社長のなかで決定している感じですね」

一緒にいると緊張感はありますか。

「あまりないかな。私のなかでは全然ないです」

怒ることもないって言ってました。

「怒られたことないです」

なんだか変なストレスみたいなものはなさそうだ。食事に行くこともあるそうで、家族のような温かさを感じる。けれども、木村さんにそれを確認してみると、それは違うとのこと。

「みんなで家族的な雰囲気でやりましょうっていうのは嫌なんだよね、俺」

でも家族的な感じも受けます。

「だろうと思うよ。よく人に言われるよ。だけどそうしましょうっていうのは嫌なんだよ」

そうしましょう、は嫌なのか。決めつけて行動しない。誰かに自分の意見を押し付けない。その代わりでもないだろうけど、今の自分の思いに正直でありたいし、好きなことをやっていきたい。これは一貫している。自分がつくりたいガラスをつくっている。それがいいという人が手に取ればいい。そんなスタンスが感じられる。

ちなみに、これはほぼ日本仕事百貨での求人募集の記事、そのまま。そしてこの求人記事のタイトルを「俺のやり方」にした。もしかしたら頑固なワンマンオーナーの会社、みたいに感じるかもしれない。たしかにワンマンなんだけども、ただのワンマンではないし、嫌な感じがしなかった。それはちゃんと読んでいただければ伝わるんじゃないかと思った。結果的に一〇〇名以上の方に応募をいただけて、木村さんもいい人が採用できたと喜んでいた。

こんなふうに紹介されることを嫌がる会社もあるかもしれない。でもあるがままを伝えたほうがうまくいくと思う。もし隠したいことがあるなら、そういう会社の求人は、ぼくらではお役に立てないと考えている。

木村さんのように、自分が好きなことをするのは「自分ごと」と言えると思う。誰に言われたわけでもないけど、やってみたい！　と思えるもの。その思いが強いと、グラスにも形になって現れるし、自然とお客さんも惹きつけられる。一緒に働きたいと思う人も集まってくる。ぼくらの求人は、募集要項などでは表せない、根っこの部分を届けているのだと思う。働く人たちの思いに強度があれば、ちゃんとその仕事を探している人たちの心に届けることができる。

「自分ごと」の正反対があるとしたら、「多数決」なんじゃないか。あるいは「マーケット」とか「市場」という言葉も近いかもしれない。多くの人が考えている、最大公約数の意見のほうが正しいように思える。でもぼくが惹かれるのは、そういうこととは関係なく、誰かが強く思って形になった、その人の存在がしっかり刻み込まれたもの。

日本仕事百貨もはじまりは自分ごとだと思う。「そんな求人サイトをつくってほしい！」と言ってくれる人はいなかった。むしろ「うまくいかないだろうから、やめたほうがいい」という意見ばかりだった。

多数決で何かを決める場合、一人ひとりの態度が軽いと、どんなに数が集まっても、強度が失われてしまうこともある。あるいはみんなの意見を組み込んで何かを決めようとすれば、折衷案みたいなものになってすっかり骨抜きになってしまうこともある。一方で一人よりも二人、さらに三人寄れば文殊の知恵という考え方もある。集合知という言葉もある。ぼく自身は数よりも、たとえ一人でも熱心に思い、行動しているものに魅力を感じる。

それはなぜなんだろう？　そんな疑問を考える上でヒントになるのが、「シブヤ大学」の授業づくり。シブヤ大学は、学校教育法上で定められた正規の大学ではない。街を丸ごとキャンパスに見立てて、渋谷全体が学びの場になるという考え方で活動している。

シブヤ大学のコンセプトを表すひとつの言葉として「誰もが先生、誰もが生徒」というものがある。一般的な教育では、先生と生徒の役割は固定化されていて、生徒は受け身になることが多い。でもシブヤ大学は誰もが生徒であると同時に、誰もが先生にもなれる。

あらためてその話をシブヤ大学の学長である左京《さきょう》泰明《やすあき》さんに聞いたのは、日本仕事百貨で二〇一七年に主催した「100の生き方働き方」という連続講座のときだった。そこでぼくは、なぜシブヤ大学の授業には強度があるのか聞いてみた。すると左京さんは次のように話してくれた。

「シブヤ大学の特徴は授業のつくり方にあるんです。シブヤ大学では、フルタイムで働いている人は授業をつくらないいんですよ」

シブヤ大学の職員として働いている人たちは授業をつくらない、ということ？

「そう。誰がつくっているかというと、ボランティアスタッフなんです。普段はいろんな仕事をしながら、二枚目の名刺を持つようにシブヤ大学の活動をしている人たち。授業づくりでは、今自分が一人目の生徒として、受けたい授業をつくろう、というのが合言葉なんですよ。たとえば、自分は今、こういうテーマが気になるとか、誰かと議論したいとか、そういう自分ごととしてのテーマがあるじゃないですか。そこから企画をたてていくんですね。その結果、先生などが決まっていく順番なんですよ。必ず授業の作り手の動機からはじまっていく。だからいわゆるマーケティング的に、こういうターゲットに対して、こうすれば集客できるんじゃないか、という考え方は意外としないんです。一番の生徒は、授業をつくっているボランティアスタッフなんですよ」

たしかにシブヤ大学の会議では、左京さんがよく「本当にそれをやりたいの？」と問いかけていたのが印象的でした。

「そうそう。たとえば、ボランティアスタッフとして毎月新しい人たちが来るんですけど、『なんで来たの？』って必ず聞くんですよ。そうするとよく返ってくるのが『自分の世界を広げたいと思って』という答え。たしかにその気持ち、わかるんですよ。仕事をしていると、どうしても出会う人や世界って限られると思うんです。取引先とか社内の人とか。ぼくなんか、もともと経理部だったから。この動機は受講者とも共通していると思っていて、授業には同じ動機を持つ人が集まってくる。講師の人たちも、個人的な強い動機を持ってお願いされているから、うれしいじゃないですか。シブヤ大学って、授業の講師にお支払いする謝礼は、わずかなんですよ。でもそれでも引き受けてくれるのは、依頼する側が個人的な情熱を持っているからなのかなと思うんです」

答えのない時代、だなんて言われているけど、そんなときにこそ自分に問いかけてみる。これは自分がやりたい仕事なの？　本当にやりたいことはなんだろう？　それはそもそも自分がお客さんだったら欲しいもの？　自分に問いかけることは、行き詰まっていることを解決に導く方法にもなっていく。それは仕事のはじまりだけじゃなくて、途中で立ち止まって考えるときにも役立つことだと思う。

あるとき自分たちが運営している「リトルトーキョー」で食事を提供しようということになった。リトルトーキョーは、ぼくらのオフィスがあり、イベントスペースがあり、そしてバーがある空間。二〇一三年に東京・虎ノ門に誕生し、その後、清澄白河に移転した。食事の提供について担当に任せたところ、できあがったものは「本当に訪れたい人がいるのかな？」というものだった。考えている本人も困っているように見える。なぜうまくいかないのかと言えば、頭でっかちに考えてばかりいて、いつのまにか自分が訪れたいお店じゃなくなっていたから。そういうときは一緒に問い直してみる。

「このお店が自分の家の近くにあるとして、まったく縁もない状態だったとしたら、お店に入りたいと思う？　さらに通いたくなるお店ってどういうものなんだろう？　自分がやりたいお店ってどういうもの？」

自分の気持ちと向き合ってみる。自分ごとの最初のお客さんは自分なのだから。とことん向き合って生まれたものは、自分を飛び越えてきっと誰かに届く。

贈り物

自分ごととして、自分のやりたいことからはじめる人もいれば、人に求められて何かをはじめる人もいる。それを強く感じたのは数年前に「ブリュッケ」のファッションクリエイターである伊藤佐智子さんに求人の取材をしたときだった。

渋谷駅からしばらく歩いた閑静な住宅街。レンガづくりの大きな一軒家のようなオフィスを訪れて、玄関で呼び鈴を鳴らすと扉が開いた。なかに入るとたくさんの布が目に飛び込んでくる。ほかにもいろんなものがあふれていて、雑然としているようで空気が澄んでいる。ゆったりとした空気のなかにちょっとした緊張感のようなものもあった。

ブリュッケは舞台や映画、CMなどの衣裳づくりをしている会社。伊藤さんの仕事は、PARCOや資生堂、サントリーなどの広告からはじまった。ぼくが好きなのは、映画『空気人形』やLAFORETのCMなど。とくに印象的だったのがドラマ『白洲次郎』。その葬式のシーンで、はじめは白洲正子の喪服は「着物」という設定だった。

「でも白洲正子だったら着物よりも洋服だったろうなって。画《え》が見えてしまうから。今考えている舞台もそう。自分のなかで画が浮かんでくるんです」

相手が求めているものが着物だとしても、「こちらのほうがいいんじゃないか」というものが思い浮かぶことがある。ぼくも求人の依頼をいただいたときに、「まだ求人しないほうがいいんじゃないか」とか「求人よりも社内の人たちと話すことを優先するのはどうだろう」と感じることがある。

画が浮かんでくるというのはどういうことなんでしょう。

「長いこと生きていると、いいなって思うんですね。過去のことって、ものすごく参考になるし、歴史は、繰り返すから。だから今の時代の空気を吸っていると、そんな過去の経験とつながって『こういうふうに変貌させたら面白い』というものが見えてくる。でも画が浮かぶと言っても、一〇〇パーセント自分がやりたいようにはやっていませんよ。自分の仕事には、求めている相手がいるのだから。自分の感覚としては、その人のために悔いがないようにやりたい、ということですよね。できるところまで絶対にやりきりたいっていう。そもそもクリエイティブは、時間を売る仕事じゃないんですよね。仕事が終わったときのイメージって、野球選手がベースを踏む感じなんです。ギリギリで踏んで、そのまま次の塁《るい》に進みはじめる感じ。私もずっと仕事をしているわけではないんだけれど、他の人を見ていると、よくオンオフを分けられるなあ、って思うんです。全部つながっている人生でしょ」

伊藤さんは、はじめから今のような仕事をしようと考えていた人ではなかった。向こうから来たボールを一つひとつ打ち返していたら、今ここにいる、という人。今の仕事に至るまでの経緯をうかがった。

「私は子どものときから、物をつくるのが好きでした。手を動かして、とくに布をいじっていると安心したんです」

はじめはグラフィックデザイナーを目指し、尊敬する木村恒久《つねひさ》さんが教える美学校図案科に通った。そんななか、自分でつくっていた洋服が、その後の進路に大きく影響していく。

「世の中に自分の着たい服がなかったから、つくって着ていたんです。それがある雑誌の編集長の目に留まり『どこの服?』『自作です』となった。私はグラフィックデザインを学びたかったんですが、なぜか服が素敵だと言われて。それでそういう川の流れに入ってしまったんです」

求められるものに応じていたら、イメージしていた未来とは異なる流れに入っていった。仕事が来れば、うれしいもの。それを続けていくと、洋服にはとどまらず、空間、化粧品、店舗、映像と仕事は広がっていった。

「私のまわりの人たちも、みんな何かになりたくてなったというわけでもないみたい。ミュージシャンも、歌いたい歌がなかったからつくって歌った、とか。私も同じ。非常にシンプルなスタートなんです」

目の前の人に応え続けた結果なんですね。

「まったくそのとおりだと思います。応える、ということを、ずっと全身全霊でやってきたと思います」

大変だったことはなんでしょう。

「山ほどありますよ。はじめたときは、すべて一人でやっていましたからね。ニューヨークの夜景をドレス一面にビーズで刺繍《ししゅう》したいと考えたことがあったんです。全然寝る暇がなくて、少し寝るじゃないですか。でもマラソンする夢を見ちゃって、くたびれちゃうんです。そのうち優秀なアシスタントができて、彼女も泊まり込みで服をつくるんですけども、私がすごく寝言を言うんです。しかもはっきりと。ある晩『スカート丈を一〇センチ上げて』と寝言で言ったそうなんです。それを彼女が聞いて、徹夜で一〇センチ縫い上げた。でも、それはまったく関係のない、夢のなかの話で」

「仕事を二十四時間考えていてほしいとは思いませんが、ブリュッケにいる時間は、いろいろな方向に頭を巡らせてほしいと思っています。今、目の前の仕事に対してどういう手立てがあるのか。どういう手法で何を表現するのか。そういうことに切磋琢磨《せっさたくま》してほしいです。それは会社のためではなくて、自分の喜びでもあるし、自分自身のため。私たちの仕事は好きじゃないと絶対にやっていけないんですね。ただ、好きなだけでもだめなんですけども。そこにはある種、引いて見る力も必要。溺《おぼ》れてのめりこむだけではなく。はじめこそ、溺れるぐらい中に入ってくれないと、次の行動に移せないですけれどね。どの時間も自分の時間、自分の人生だと思っている人でないと」

伊藤さんは、自分のためと話しながら、とことん贈り物をしてきた人だと感じる。本当に求められていることはなんだろうと考える。コミュニケーションを重ねながら、自分にも問いかけながら、まだ見えないものを形にしていく。そうすると、相手の想像を超えた贈り物をすることができる。

「FESCH一級建築士事務所」の代表、安井慎治さんも同じような話をしていた。FESCHは、新築の建築設計や店舗の内装を手がける設計事務所。

「お客さんのためにやるんじゃなくて、お客さんの立場になってやる。お客さん自身もまだイメージできていないけれど望んでいるものを、紐《ひも》解いて形にする。それが大事なんです。たとえば、お客さんが『中庭が欲しい』と言ったとき、お客さんの言う『中庭』とは、お客さんの知っている建築のボキャブラリーの一つでしかないんです。その言葉をどんなイメージで使ったのかというところを丁寧に聞いていきます」

たとえば、お客さんは子どもを安全に遊ばせるために「中庭が欲しい」と言ったのかもしれないし、風通しを良くしたいという理由かもしれない。はたまた、友人の家で中庭を挟んだところにあった子ども部屋を見て、子どもの様子がわかる空間がいいなと思ったのかもしれない。言葉の裏側にある本音を探っていく。

「その上で、本当は子どもが遊ぶための場所が欲しいと思っているのであれば、外とつながるような広いリビングをつくったらどうでしょうか、という提案もできるわけです」

相手のなかで、まだ漠然としているものを形にする。そのためには根気良く相手の思いを引き出したり、想像したりする。そういうふうに働いていたら、きっとまた仕事がやってくる。それってとてもうれしいことだと思うし、自分の仕事がそのまま営業にもなっている。贈り物は、自分ごとにもなっていく。

日本仕事百貨でも同じようなことがある。たとえば、何度も求人の依頼をいただける会社があった。うれしいことだけど、よく話をうかがってみると、すぐに辞めてしまう人が多いことがわかった。それならまた求人をするよりも、なぜ辞めてしまうのか原因を考えたい。

そこで、一旦求人募集をストップして、社内で働く一人ひとりに話を聞いてみることにした。すると、社内でコミュニケーションがうまく行われておらず、社長の考えがまったく共有されていないことがわかった。そういうときはファシリテーターとして、社内に入ってそれぞれの考えを共有し、これからどうしたらいいか一緒に考えていく時間をつくる。

ほかにも求人のご依頼から仕事が広がっていくことがある。求人の取材というのは、表からは見えない会社の内部に潜っていくようなもの。だからこそ、本当にその会社に必要なものが見えてくることがある。それは取材の最後に感想としてお伝えするだけで終わることもあるし、新しいプロジェクトに発展していくこともある。

はじめて、仕事には贈り物がある、と感じたのが、日本仕事百貨の求人の取材で「グラム・デザイン」の赤池円《まどか》さんとお会いしたときだった。まだ日本仕事百貨をはじめて二年目のころだったかと思う。グラム・デザインは東京の池尻にあるウェブ制作会社。ここで「贈り物をするように働く」ということの輪郭をはじめて感じることになる。この会社の姿勢を別の言い方で表現するなら「おせっかい」かもしれない。代表の赤池さんはこんなことを話していた。

「仕事をするということが、世の中をよくすることにつながればいいですね。人のために働く人がいい。IT系って結果主義という風潮があって、仕事の成り立ちもアメリカ的、というかね。できる限り自分のスキルをあげて、たくさん稼ぐんだ、という成功イメージを持った人が多いと思うのですが、うちはそこを目指さない、って最初から決めている。結果も大事だけど、プロセスも無駄も好き。許される限り仕事は丁寧にしたいし、好きなようにしたい。だから、グラムで働くなら、そこに同調できないとつらいかな。ここまででいい、というリミットが仕事にないですから。たとえばひとつの方法で課題を解決できたら、以上終わり、ハイ次、というやり方もあるかもしれないけど、私たちはもう少しあきらめが悪くて、もっと良くなる術《すべ》を探し続けます。自分の目の前のことを一生懸命やり続ける人って、知らないうちにたくさんのことができるようになっていくんですよね。それが仕事で成長していく、っていうことになると思います」

求められていないことでも、もっとこうしたい、ここまでしたい、と思うことがある。求めている相手には見えていないけど、自分には見えてしまったものがあるとしたら、それを見せたい、という気持ち。そして、それを形にして見せることで喜んでくれたら、自分もうれしい。

「仕事には『仕事』と『稼ぎ』があると教えてもらったことがあります。本来、まわりの人、自分自身を含む、社会の益となることなら何でも仕事であって、それは時間やお金で測るものではないと思う。稼ぎと仕事は、今の社会経済のなかでは区別することが難しいけれど、できるだけ、仕事に引き寄せたい。その意味で、事務所で野菜を育てたりするのも、ご飯をつくるのも含めて、誰かのためならば、グラムでは『仕事』です」

「稼ぎ」から「仕事」に引き寄せて働く。一方で世の中にはほとんど稼ぎが目的の仕事もある。その場合、仕事の価値基準は、いかに得をして損をしないか。どれくらい工数がかかるのか、それで売上がいくらになるのか、それで損をしないのか。お金と仕事を天秤にかけながら進めていく。

もちろんグラム・デザインだって同じような計算はするし、それも大切なことだけど、姿勢が違うように思う。仕事というものを単に数字に落とし込んだ途端に何かが変わる。もしみんながそんなことを考えるようになれば、世の中は得をする人と、損をする人に分けられてしまう。

一方で人は時間をかけた仕事を求めている。どこかで食事をするなら、できれば丁寧につくられた食事をおいしく食べたい。それを提供する人たちも、幸せそうに見える。相手が喜んでくれることを続けていけば、必要とされる存在になっていく。

たとえば、グラム・デザインでも、あらかじめ決められた具体的な仕様にしたがって、ただ忠実に形にしていくことを求められる仕事がある。そういう仕事は、要求どおりに仕上げた上で、より良い案がないかを探し、求められていないことも提案する。そういうことを繰り返していくと、仕事の依頼が変わってくる。

はじめは具体的に求められていたものが、次第にプロジェクトがはじまる前から相談されたり、ゼロから一緒に考えていくことを依頼されたり。発注する側、請け負う側、という関係が曖昧《あいまい》になり、だんだんと同じ方向を見て、一緒に歩いていくような関係になっていく。さらにこちらから営業しなくても、また仕事の相談がやってくる。

「社内でも社外でも、誰かの役に立つことだったら、臆せずに提案してもらったらいいですよね。損か得かで考えないで、根本的な必要性から考えたい。グラムではどうしても手伝いたい仕事を『お米』を対価に請け負うこともあります。あまり無茶はできないけれど、物々交換は憧れ。そして、ありがとう、が多い会社です。みんなありがとうってよく言います」

贈り物をして、ありがとうと言われる。そして、前よりもいい関係になる。目の前のことを損得だけで考えるよりも、贈り物をするように働きたい。そうやって贈り物を交換するような関係でいられれば、そのほうが幸せなんじゃないか。

二〇一三年に、求人の取材で「ラ・ボンヌ・ヌーベル」の店主、佐々木隆行さんに話を聞いたときも同じようなことを感じた。ラ・ボンヌ・ヌーベルは小さなフレンチのお店。銀座と日本橋の間、東京駅にも近い京橋の路地にある。砂糖やバター、生クリームなどを使わずに、主に野菜と魚を使った料理を出している。なかにはカウンター席とテーブル席が少々。食事はおいしいし、お腹にすっと収まる感じもある。でもそれだけじゃない何かを感じるお店。

求人取材は朝八時半に築地市場に集合するところからはじまった。

「フランスでシェフが毎朝マルシェに買い付けに行っているのを見ていて、自分も同じことをやろうと思っていました。それならお店はやっぱり築地の近くがいいなと思って」

まずは魚を見てまわる。場内にはずらりと仲卸業者が店を構えていて、たくさんの魚屋さんが並んでいるよう。それぞれの強みや特色などがあって、たとえば、貝が得意だとか、マグロ専門だとか。そんな仲卸の方たちは、競《せ》りに参加して魚を調達して、街の魚屋さんや寿司屋さんなどに卸している。ただ、朝の九時近くになると、一般の人でも買い物をさせてもらえる仲卸さんもいる。

佐々木さんは、大間のマグロだとか、松皮《まつかわ》ガレイだとか、なんだかすごい魚を物色している。あまり表情に出さず、仲卸の人たちとは多くの言葉を交わさない。ただ、いい魚を選ぼうという真剣な思いや仲卸の人たちとの信頼関係のようなものが伝わってくる。あるところで、立派な太刀魚《たちうお》があった。それを眺めていたら、佐々木さんが「買ったらどう？　塩焼きにしたらおいしいよ」と声をかけてくれた。一緒に見てまわっていたら、ぼくも魚が欲しくなったので、購入することに。あとから聞けば、一番いい太刀魚を選んでもらったようだ。

「太刀魚の背中のところをワーッと触って、このなかではどれが一番いいかを見極めてよこしたんですよ。ぼくの紹介があったとはいえ、一見《いちげん》さんに対してあの行動が取れるって。どうせ素人《しろうと》だから、という人もいるんでしょうけど。ああいうことができる人と、ぼくはお仕事がしたい。それがプロですよ。喜ばせる仕事。だから彼と仕事してるんですよ」

青果市場で野菜なども選んで、一旦解散。また夕方になってから開店前のお店を訪れた。夜の営業前に、テーブルに座って話を聞くことに。佐々木さんはなぜこの仕事をはじめたのだろう。話を聞いてみると、もともと演劇を志し、その後アパレル業界に進んだそうだ。そして料理の世界へ。

「どれも一緒だと思いますよ。エンターテインメントなんです。喝采《かっさい》を浴びて、役者はカウンターのこちら側で踊るっていう。どんなお客さんが来るかを想像しながら築地に行って、サプライズができたらと思いながら。常識的に考えれば、普通は大間のマグロなんて高いから出さないですよ。やっぱり驚かせたい、サプライズなんです。どうせやるんだったら高いレベルで仕事をしたほうが気持ちいい。それにたくさん選択肢があるなかでうちを選んでくれたお客さんには、満足してもらいたい。そこは是が非でもやります。信念ですね。仕事って、楽しむことだと思っているので。俺は楽しいと思ってやってるから、そう思ってくれる人と働きたいですね。ただ、まずは任されたことをやること。それをがんばっていれば、好きにやっていいことが増えてくる」

こんなエピソードがある。佐々木さんがフランスに行って、働きはじめたときのこと。はじめは包丁も触らせてもらえない。掃除くらいしかできないから「掃除は全部任せてくれ」と料理もせずにがんばっていた。すると若いスタッフが「ここ、汚れてる」などと言いはじめる。それでも「任せろ！」と掃除をしているのをシェフがずっと黙って見ていた。ある日、二番手の人から「明日から自分の代わりをしろ、よく働いたから今日は帰っていい」と言われた。一方で掃除を任せた若手をひどく叱りつけていた。とにかく相手に満足してもらいたい、という佐々木さんの思いは、お客さんだけでなく、同僚にも向けられている。そうやって求められている以上のことをしていけば、だんだんと自分がやりたいことをできるようになっていく。

「次の日からシェフのとなりで盛り付けを担当しました。まかないをつくるのは二番手の仕事だったけど、材料がどこにあるかもわからなかったから、はじめは満足な量がつくれなくて『これだけかよ！』ってえらいことになっちゃった」

取材が終わってから、カウンター席に座って、食事をいただくことになった。白いコック服がカウンターのなかで映えてかっこいい。次々と、魔法を使っているかのように料理が目の前に出される。見た目にも美しく、口にしてみればおいしいし、身体に馴染んでいくようだった。佐々木さんの「どうせやるんだったら高いレベルで仕事をしたほうが気持ちいい」という言葉が思い浮かぶ。相手に満足してもらえたら、自分も気持ちいい。贈り物をしているようで、自分ごとでもあるのかもしれない。

仕事のはじまりである、「自分ごと」と「贈り物」。でも仕事が続いていくということは、その二つが重なり合い、混ざり合っていくこと。自分ごととしてはじめたものも必要としてくれる人がいて、仕事になっていく。贈り物をするようにはじめた仕事も、自分がそうしたい、という思いがなければ続いていかない。

Ⅲ

根を張り、幹を伸ばす

真似できない求人サイト

怖いもの知らずに進む

植物が成長して大きな木に育っていくには、目に見える部分ではなく、地中に埋まっている根っこが肝心だと思う。水や養分を吸いながら、木の幹を支える。根っこがしっかりしていれば、幹は太くなり、枝が伸び、葉っぱは生い茂っていく。ただ、どちらのほうに根を伸ばしていくかは、伸ばしてみないとわからない。岩があって行き止まりかもしれないし、トライ&エラーを繰り返して、地中に根を張っていく。

だから、まずはやってみる。いきなり合格点を出せる人はほとんどいないし、三〇点くらいのスタートなんてよくある。試してみたからこそ、ほかにやりたいことが見つかった、という人もいる。最初からうまくいかないからといって、あきらめる必要はない。スタートしたあとが肝心で、ひたすらチューニングしていけばいい。

生きるように働く人たちは、はじめることができた人たちだと思う。もしかしたら、頭がいい人ほど不完全さが気になってしまってスタートを切ることができないのかもしれない。でもやってみるしかない。そうすると、自分の得意なことが見えてくるし、自分のやり方が定まっていく。そうやって、いろんな方法を発見したり、編み出したりしていく。

日本仕事百貨も、まずやってみる、だった。人材サービスの経験もないし、文章を書くことを仕事にしていたわけでもない。取材もはじめてだったし、関係する法律も独学で学ぶ。怖いもの知らずに進んでいった。

ささやかな市場を目指す

それでもじっくり育てていけたのは、選んだ仕事の種類もよかったのかもしれない。このインターネット時代、競争は激しい。とくに人材業界は規模も大きいから、いわゆるレッドオーシャンだった。レッドオーシャンとは市場にたくさんの競合が参入している状態。対して、まだ誰も参入していないものをブルーオーシャンと呼ぶ。でもそんなブルーオーシャンも、オーシャンと呼ぶくらい広大な市場であれば、あとから巨大な資本を持ったライバルたちが現れるのは時間の問題。

それならどうしたらいいか。じっくりと自分たちの仕事を育てていくには、砂漠のなかのオアシスのようなささやかな市場を目指せばいい。これをぼくらはブルーオアシスと呼んでいる。オアシスのようにとてもささやかなもの。しかも砂漠を延々と歩いていかないとたどり着けない。競合もほとんど現れないから、じっくりと育てることができる。日本仕事百貨のやり方も、人が取材して文章を書いていくような「職人芸」なので、仕組みだけをコピーしても真似できないものだった。時間がかかるものだし、マニュアルだけで仕事を進めていくこともできないし、テクノロジーの進化がなかなか追いつけない領域。

多くの人たちから「真似したいけど、真似できない」と言われた。ほかの求人サービスを運営している会社にもファンがいらっしゃるようで、求人したい企業に対して「うちのサービスでは難しいけど、日本仕事百貨さんならいけるかもしれない」なんてご紹介いただくこともある。

「話し手」「読み手」「書き手」を行き来する

取材の方法も独特の形に進化していった。たとえば、メモを取らないし、用意した質問にこだわらない。そして文章の校正をするときにも、いわゆる赤入れはしなかった。それは今に集中するため。

メモを取らないのは、とにかく取材する相手に安心してもらいたいから。自分が取材されたときに、相手がメモを取る手元ばかり見ていたので、「ちゃんと話を聞いてもらっているのかな?」と不安になったことがある。即時性の高い記事を書く場合はメモを取るけど、もう少し時間に余裕があるなら、メモを取らずにすべて録音し、それをあとから文字に起こす。

その代わり、取材しているときは今起きていることに集中する。相手がどんなふうに振る舞い、どんな顔をしているのか、相手のことを気にかける。不安そうにしていたら、相手の目を見ながら一つひとつの言葉にうなずき、相手の言葉を繰り返す。ちゃんと話を聞いていることを態度としても表していると、「この人はちゃんと聞いてくれるから話そう」ということになるし、話すのが楽しくなっていく。

安心すると、心に浮かんだことをそのまま言葉にするようになるから、文脈がバラバラなんてこともあるけど、深いところまでたどり着くことができる。文脈を整えるのは、文章にするときでいい。大切なのは「話し手」に寄り添いながら、根っこに近い話を引き出すこと。

もう一つの特徴は、用意した質問だけを聞かないこと。もちろん、取材相手のことを調べておくし、こんなことを質問してみたい、と思い浮かぶことはあるけど、それにとらわれない。ぼくらの取材は、「ワークショップを受けているみたい」という感想をいただくことが多い。筋書きもゴールもあらかじめ設定しているわけではない。質問を用意しても、それで視野が狭くならなければいい。

大切にしていることは、読み手、つまりこの仕事を探している人のことを想像すること。この会社に入ったら良さそうな人物をとことん想像してみる。たとえば、それが田中さんという人だと仮定したら、その人は今までどんな経験をしてきて、どんな性格で、どんなことを知りたいのかを考えてみる。そうやって、自分が田中さんになったつもりで取材する。すると「こんなところをもっと聞きたいんじゃないか」とか「ここは不安に思うかもしれないから、もう少し聞いてみよう」というふうになる。「読み手」の気持ちに寄り添いながら、柔軟に取材を進めていく。

最後の一つが赤入れをしないというもの。赤入れとは、文章の添削のこと。通常、赤いペンで行われることが多いので、赤入れと呼ぶらしい。ぼくらはそういう方法ではなく、書き手ともう一人が、一つの画面を見て話し合いながら確認していく。これは一つの画面を見ながら二人のプログラマーがプログラミングしていくペアプログラミングという方法に似ているかもしれない。ぼくらの場合は編集するので、ペアエディティング、と呼んでいる。

二人で一つのことをするわけだから、時間がかかるように思うかもしれない。でも実はこちらのほうが質も高くなるし、効率だっていい。具体的には一人が書いた文章を、もう一人と一緒に読んでいく。そして何か違和感があれば、その都度共有する。これが赤入れだと、違和感のニュアンスを共有することに大きな手間がかかる。その違和感をしっかり伝えるためには、一度言語化して文章にして書かなくてはいけない。でも口に出して、その場で話したら簡単だし、相手の理解を確認しながら、より細かなニュアンスを共有することができる。さらに書き手もすぐ返答できるから、編集の意図を共有することもできる。

日本仕事百貨の編集者は、このペアエディティングでチェックするのもされるのも、両方担当する。チェックされるだけでなく、他の人の文章を確認することで、客観的に文章を読む能力が身についていく。コミュニケーションの質は、一つひとつの言葉の解像度だけではなく、キャッチボールの回数にも比例していく。こういうことを繰り返していくと、いろいろな「書き手」の考え方が共有されていく。

こんなふうにして、ぼくらは「話し手」「読み手」「書き手」の三者のことをよく考えて、その三者を行き来するように取材をして、文章を書いていく。このやり方はいろんな仕事に応用できると思う。

まずやってみるところからはじめて、目の前のことに向き合う。自分の足下を大切にしていくことで、根っこを張っていく。

みんなはどうやって、自分の方法を見つけていったのだろう。

まずやってみる

やってみてから考える、というのは、ぼく自身は昔から無意識にやってきたことかもしれない。やってみないとわからないし、やる前から正解がわかることなんてなかなかない。それよりも、まずはじめてみて、どんどん試して調整して正解に近づいていくことが多い。

それをはじめて自覚したのは、「日光珈琲」の風間教司さんにお会いしたときだった。風間さんは鹿沼《かぬま》から日光まで続く例幣使《れいへいし》街道沿いに、いくつものカフェを経営している方で、二〇一二年に日本仕事百貨の求人の取材でうかがったのがはじめての出会い。

浅草駅から東武線に乗って特急で一時間半ほど。新鹿沼駅を降りると、駅前には高い建物はほとんどなく、小さなロータリーがぽつんとある。風間さんが車で迎えに来てくれていた。

風間さんが最初にオープンした「饗茶庵《きょうちゃあん》」は、新鹿沼駅から徒歩で十五分ほどのところにある。もともとは自宅だったところを改装したカフェで、まわりは普通の住宅街。

でも細い路地の奥にあるお店はお客さんでにぎわい、駐車場には県外ナンバーの車も停まっている。

このカフェができて、あたりはだいぶ変わった。近くでお店をはじめたいという人が増えて、今では空き物件が出るのを待っている人たちがたくさんいる。自宅をカフェにしたら、地域も変わった。そんな風間さんも、社会人のはじまりは失敗からのスタートだった。

「東京の大学に行けば、東京の企業に就職できて、オシャレな生活ができる、そういう憧れが根本にあって。いざふたを開けてみれば、その憧れが崩された部分があった。仕方なしに地元で採用してもらえる会社に入ったんです」

ところが就職した地元の会社も、想像したものとはかけ離れていた。半年で会社を辞めてしまう。そのあとのことは、まったく考えていなかった。「何かしなくちゃ」と考えていたら、バーテンダーのアルバイト募集の貼り紙があるのを見つける。面接を受けに行くと、その場で採用。まだお店が工事中だったので、まずは内装工事を手伝うことからはじめることに。

「偶然にもバーの開業から経験できたんですね。そのときに『お店ってこういうふうにつくれるんだ！』ということをひととおり教わりました」

バーテンダーとして働きはじめると、この街には面白い人がたくさんいることに気づく。勝手に地元はつまらないところだと思い込んでいたけど、この場所で何かをはじめたいと思うようになる。そのときに思いついたのがカフェだった。風間さんは学生時代に、世界各地をよく旅していた。そのときに知らない街を訪れたら、真っ先にカフェに入って情報収集していたことを思い出す。それにカフェならアルバイトをしていたバーとお客さんを取り合うことにもならない。バーの内装工事の経験を活かして、自宅を改装してカフェをはじめることにした。

「少しずつお客さんが増えてきて。席が足りなくなったら、いくらか貯まったお金で材料を買って、また次の部屋を改装して……という感じで、どんどん、どんどん。ほとんど経験がないのにはじめちゃったので。お店をはじめてからも、じゃあ経営って、どうやってやるんだ？　とかね。帳簿づけとかも全然わからなかったんだけど、お客さんに経営者の人がいて教えてもらって。工事でできないことは大工さんにお願いしていたけど、大工さんに教えてもらってできることを増やしていって。そうやってみなさんにいろいろ教わりました。自分自身はけっこう、面白いか、面白くねぇかで動いちゃう人なんで。まず動いて、壁にブチ当たって、じゃあどうやって解決しようかっていうパターン。嫌々やって失敗するよりは、面白いなと思って失敗したほうが、ぜったい楽だし、ずっと続くわけだし」

「カウンターをなくしたこともありました。はじめはカウンター席をつくったんですけど、お店を続けていくなかで、自分はカウンターに立つのはまだ早すぎると思って。カウンターを売りにするには、まだ人間的にも若すぎるということに気づいたんです。それに、カウンターに座るお客さん以外に目が届かなかったら意味がないとも思ったんですよね。とりあえず試してみるというスタンスは今も変わりません。やってみて良ければ続けるし、失敗したらまた考える。そんなふうに繰り返していますね。試さないと、わからないですから。挑戦し続けたら、切り口がどんどん広がっていったんです。今まではのようにカフェに専念するならば、自分の手が届く範囲なのですが、最近はそれを超えてまちづくりにつながってきているんです」

まず行動して、その反応を見て、また行動する。とくに今はインターネットによって軽やかにはじめやすくなっている。そんなインターネットの世界で「まずやってみる」を実践しているのが「nD inc.」の代表、中原寛法《ひろのり》さん。インターネットを使いこなして、遊ぶように何かをはじめている人。

大学ではデザインを学び、就職活動することなく、いきなりフリーランスのデザイナーになった。もっとも印象的な仕事は「giftee」の立ち上げかもしれない。giftee はオンラインから気軽にギフトが送れるサービス。メールやSNSなどでURLを送ると、相手がコーヒーなどのチケットを受け取れる仕組み。数年前に、中原さんに giftee がスタートしたときのことを聞いたことがあった。

「はじめは飲み会の席で。そのなかの一人が、何か小さなギフトを気軽にあげられるようなことをやりたいね、って話していて。できるかどうかはわからなかったけど、そういうのがあったら面白いと思った。遊びからはじまることが、ぼくは多いんです。就職活動をしなかったのも、ぼくのまわりで演劇とか音楽をやっている人がすごく多くて、そういう人たちが別に就職しなくても生きていることを知っていたから。ご飯が食べられなくなっちゃうこともないし、暮らしていけないこともなかった。なんとでもなるということをいっぱい見てきていた。仕事がなければ、バイトすればいいし」

就職しなくても生きている人たちがいる。そういう人が身近にいれば、「自分も大丈夫だろう」と考えられる。中原さんも就職活動をすることなく、気がついたら今の仕事になっていた、という人。とはいえ、独立してからすぐに仕事があったわけではないし、その時点で今のように仕事ができるほどの知識や経験があったわけでもなかった。

「大学を卒業してからはめっちゃ暇で。すごい時間があったから、ひたすらいろんな人がつくったデザインをトレースしたり、いろんなサイトのコードをずっと読むようなことをしてた」

じゃあ、参考書を買ってきて読む、という感じじゃないの?

「そうね。ぼくはどっちかっていうと、入門書を買って一章から順番にやっていくっていうよりは、一番最後の章をとりあえずやって、わかんないところをさかのぼってやるほうが楽なんですよ」

参考書は、辞書的な扱いなんだ。一個一個積み上げていくというよりも、まずやってみて、わからないところは調べる。

「そうそう、ほんとそういう感じ。やってみる。するとバグがでる。あ、何か違うな。それでもまたやってみる。延々とトライ&エラーをずっと。二十七歳くらいのときに、なんか仕事でしかつくらなくなっちゃうと嫌いになりそうだと思って。儲かりそうだからウェブをやっているわけじゃないし、仕事がなくて消去法でウェブを選んだわけでもない。だから、つくっていて楽しいというのを表現できなくなると、たぶんアウトだなと思っていて。寝食を忘れてしまうくらい楽しいものをちゃんとつくらないとやばいと思ったの。うちは企業サイトの制作依頼って、ほとんど来ないんですよ。年に一つくらいしか問い合わせがなくて。会話から生まれたり、企画から入ることがほとんど」

やることが固まったものが依頼されるというよりも、やわらかいものが多い。言われたことしかやらないんじゃなくて、自分で思っていたことも形にしていると、「この人、アイデアを膨らませてくれそう」と思われるのかな。

「そうだね。だから無駄はめちゃくちゃ多いですよ。でもそれでいい。うちの社員にも『とにかくあんまり無駄があるとか考えないほうがいい』って話す。とにかくひたすらつくってみる。ビルをどんどん新築するのは環境への負荷が大きいかもしれないけど、ウェブって地球への負荷は限りなく小さいから」

まずやってみる。スポーツもそういうところがあるかもしれない。いくら本で技術を習得しようとしても限界がある。それよりも、何度も来た球を打ち返す練習をしたほうが上手くなる。ただ、スポーツと違って、仕事は、なかなか実践の場で練習する機会がない。高校なら三年間のうちに一番年上になって試合に出る機会も生まれやすいけど、会社に就職してしまったらたくさんの先輩がいるから、十年くらいはずっと球拾いだったりして、なかなか打席に入る機会がまわってこないこともある。誰もがはじめは初心者なんだから、まずは打席に立つ機会を自分でつくり、実践しながら成長していくことが大切だと思う。もし会社を経営する側なら、若い人たちに機会をつくることも大切。機会があるところに、新しいものは生まれる。

この本でも何度か紹介している徳島の神山は、まさにそんな場所だと思う。ここは、出る杭《くい》は打たれる、という場所ではない。それを象徴しているのが「やったらええんちゃう」という言葉で、取材するたびに、何度も聞いた言葉だった。神山では言葉だけじゃなくて応援もしてくれる。たとえば、新しいことに挑戦しようと思ったら、必要なものを貸してくれたり、手伝ってくれたりする。神山で「NPOグリーンバレー」を運営している大南信也さんに、なぜこんなにみんなが行動し、地域にいろんなことが起きるようになったのか、聞いてみたことがあった。

「みんな取り越し苦労をしているわけやな。起こりえんことを、さも起こるような気持ちで予測する。それで自分で自分を苦しめる。勉強熱心なんよな。勉強熱心やけん、本を読んでとか、人の話を聞いて、イメージして問題を解決しようとするわけよね。やけど、人間ってそれほど予測する力を持ってないんで。大きな一歩を踏み出さんくても、小さな一歩でいいと思うよな。そしたら、徐々にものごとが見えてくるけん。あとは反復運動やな。そしたらどんどん見えてくる」

そんな小さな一歩を、なぜ神山では踏み出しやすいんでしょう？　普通は、はじめの一歩ほど、心配になってしまう。

「最近、同じようなことを聞かれたときに『グリーンバレーはベンチャーだから』って答えてるんよな。だんだんと行動する人間の場ができあがっとると思うんよ。しかも人が少ないから、そういう人と出会いやすい。東京やったら一〇〇〇万分の一が、こっちは一〇〇〇分の一くらい。確率が高い。これは過疎のプラスよ。マイナスなことは、みんなが感じていること。ほやけど、普通の人はその裏っかわを見ない。いろんなもんが眠っとるんやけどな。掘り起こされていないわけよ。そして何かやりたいことがあっても、うちは否定せずに『やったらええんちゃう』って話す。若い人って、最初から大きく出過ぎるんよ。いきなり社会を変えようみたいなところから入るから、何が問題なのか捉えられずに、もう気持ちだけが空回りして終わっとるところが多いんよな。そうではなくて、目の前にあることを解決することによって、それが広がって、結局社会が変わっていくとか、大きくなっていくんよな。その一番小さなモデルをそれぞれが持たんかったらいかんと思うよな」

どうして大南さんはそんな姿勢になったのだろう。そう聞いたら、中学生のときの話をしてくれた。

「地図が好きやったな。いろいろ国や街を想像するのが好きやったのと、それから実験が好きやったな。中学のときは科学クラブやったんよ」

スポーツをやってそうなイメージがありますけど。

「ちゃうちゃう。科学クラブが全国的に有名な中学やったんやな。歴代、いい先生が教えてくれよったわけ。ぼくらの先生もそういう人で。ぼくらの研究テーマは、ハエという名前の川魚の浮き沈みについて。毎日、放課後になったら釣りに行って、魚を集めてくるわけです。それで水位を変化させて、浮き袋の容積を測り、データを取る。今から考えたら、これがその後の人生にめちゃくちゃ役立った。試してみて、出てきたものを分析する。分析しながら結果を見ていく。こういうものの見方がすごく役立ったんよ。自分で言うのもなんやけど、ものごとを分析する力が付いたんやと思う」

この経験はスタンフォードの大学院に進学したときにも役立った。そのまま留学したときの話に。

「まあ面白かったけど、やっぱり勉強はしんどかったな。日本の大学院って、授業が少なくて、研究ばっかりしているけど、向こうは研究以外にも授業も課題も多くて。しかもみんなだいたい一年で修士を取るんよ。一年目は建設材料学を取った。あんまり褒められんかったけど、一度主任教授から褒められたんは、お前の実験は非常にシステマティックやと。ぼくのなかでは普通なんやけどね。たとえば、セメントって普通は真水で混ぜていくんやけど、塩水を使ったときにどういうふうなコンクリートができるか。比率なんかも変えて、段階的にやっていくわけやな。するとこ褒められる。やっぱり日本人の得意な部分なんだろうな。系統だてて、一個一個考えていくとか。ぼく自身はあんまり予測する能力がないと思っているので。それに自分で一個一個確かめていくほうが腑《ふ》に落ちるんよな」

「大学院のときに頭に一番残っとるんが、現場見学の授業やな。みんなで車に乗って、教授と一緒にダムの工事現場を見に行って。プロジェクトマネージャーに工事の話を聞くという授業。ダムの排気が課題になっていた。なかなか解決方法が見つからないなかで、たまたま幼稚園の遠足を受け入れた。そしたら、ひとりの男の子が、真上にトンネルを抜いたら、みたいな話をぽろっとした。結果的にそれが、問題解決のひとつの糸口になったという話をしてくれたな。何か変化を起こす言葉を、誰が発するかはわからんのや、って思ったんやな」

たしかに経験を積んでいくと、どうしても「こうするべき」と決めつけてしまうことも増えてしまう。それに自分より経験がない人の意見を聞かなくなるのかもしれない。

「神山でも同じこと。たとえば、中山間の農業は厳しいもの、と固定的に見てしまうことがあるんや。ところが移住してきた子らは、そんな前提知らんから、さっきの幼稚園の子と同じように、慣れ親しんだ人間ができんような発想が生まれる」

大南さんは留学から帰国して十年ほどは目立ったことをせずに「田舎の町でどうやってものごとが動いていくか」をじっと観察していた。そこから住民主導のまちづくりを少しずつ試しながらはじめる。一九九九年からアーティストインレジデンスの事業をはじめ、二〇〇二年くらいから移住者が増えていく。二〇〇八年には西村佳哲さんやトム・ヴィンセントさんたちがやってきて、「イン神山」というサイトが生まれて、起業家やITベンチャーが集まることにつながっていく。そのなかで生まれたのがビストロやピザ屋さんなどの飲食店や宿泊施設だった。そんな場所で働く人たちは、オーガニックの野菜を提供したいと考える人たちが多かった。農業への固定概念がくつがえされていく。

「今までずっと農業を一生懸命やっても、なかなか報われんかった。オーガニックの野菜をつくっても、農産物として出荷すれば一〇〇〇円の単価が二〇〇〇円になるくらい。ところがそれにサービスが加わると、二万円、三万円にもなる。そしてサービスはすべて東京で行われてきたということなんよ」

「それをうまくやりよるんが、イタリアやった。フィレンツェ行ったら、ビステッカ・アッラ・フィオレンティーナっていう、おいしいTボーンステーキがあるんよな。これは絶対食べたほうがいい。ぼくはあれだけ食べに行きたいもん。日本だと神戸牛の一級品も東京で食べられる。ところがイタリアではそのステーキはトスカーナ地方でしか食べられない。地域の外に出さないわけ。地域のなかに、この完結する循環をつくらんといかんよな。一級品すべて東京に送ります、それぱっかりしか意識がない。東京に良い肉を買ってもらう、築地で取引してもらうっていう頭しかないから、ずっと従属した下請け状態なんよ。たとえば『今までは徳島の野菜とりよったけど、熊本にいい産地できたからシフトします』と言われたら、ガタガタになる。これは下請けやけん、しょうがないんよな」

なるほど。地域でサービスを行う産業ができれば、雇用も生まれる。そうすると、組織や地域は変わっていく。

「自分たちは何かはじめようと思っている人がいたら、けっこう自由にやらせると思うんよな。そうやって自分たちも何かを生み出したいわけよな。枠をつくったら枠の大きさのものしかたぶんできんと思う。今以上のものを生み出そうと思ったら、枠をとっぱらうっていうこと以外にないと思うんよね。日本はなんかイノベーションが起こりにくい。なぜかいうたら、枠のある社会なんよな。『こうあるべき』みたいのを先にガチガチに決めとるから、この枠のなかでいくら柔軟に考えなさいって言ったって、絶対に新しいもんは生まれんと思うんよな」

仕事百貨でつくった「シゴトヒト文庫」も、まずやってみよう！　と思ったもののひとつだった。休日に代官山の蔦屋書店をぶらぶらしていたときのこと。建築のコーナーを訪れると、平積みの台に『建築と日常』という本が置いてあった。手にとってパラパラと読んでみると、これは大学のゼミの一つ上の先輩で、編集の仕事をしている長島明夫さんの個人雑誌だということがわかった。学生時代、長島先輩とはあまり会話をしたことはなかった。裏表紙に目をやったところでびっくりしてしまった。そこには次のように書いてあった。

「個人雑誌というと概して採算度外視の趣味的活動であるように思われていますが、本誌『建築と日常』はそういった世間の認識を裏切り、痛快に金儲けしたいと考えている」

痛快に金儲け？　どういうことなんだろう。裏表紙には「定価一二〇〇円」とある。さらに面白かったのは発行部数が「二〇〇〇部」とあり、印刷製本費が「二六万三四〇〇円」と表記されていたこと。この三つの数字を見て、いろんなことを考えた。

たとえば、出版社から本を出版する場合は、著者に入る印税は七〜一〇パーセントと言われている。さらに一万部売れたら大ヒットと言われているらしい。もし仮に一〇〇〇円の本を出版社から出版して、一万部売れたら、著者にはどれくらい入ってくるのだろう。印税が七パーセントなら七〇万円、一〇パーセントなら一〇〇万円だ。なかなかのお金だとは思うけど、これだけで生活していくとしたら心許《こころもと》ない。

もしくは自費出版というやり方もあるけど、これだとはじめに大金がかかってしまう。うまくいったとしても、趣味的な活動の延長にしかならない。でも「痛快に金儲けしたい」と書いていた長島さんのやり方だったらどうだろう。発行部数は二〇〇〇部、すべて定価一二〇〇円で販売できたら、売上は二四〇万円にもなる。そこから印刷製本費を差し引いたとしても、粗利は二〇〇万円を超えてくる。

早速、長島先輩方式を真似してみようと思った。知人の藤原章次《あきつぐ》くんが長野の松本にある印刷会社、藤原印刷で働いていることを思い出した。まずは相談してみようと思って連絡してみる。話してみるとできそうだから、やってみることにした。そして、「シゴトヒト文庫」が生まれて、今までに三冊出版できた。

実際にインディペンデントな出版を自分でやってみて、主に四つのハードルがあることがわかった。裏を返せば、この四つのハードルさえ乗り越えることができれば、誰でも出版できるということ。それは、資金を用意すること、編集・デザインすること、在庫を保管・管理すること、そして流通させること。詳しくはぜひ「シゴトヒト文庫」を読んでみていただけたらと思う。もしくはまずやってみてから考えるのもいいかもしれない。

目の前にいる人と向き合う

独立して間もないころ、お世話になっている大先輩に「マイケル・ポーターの『競争の戦略』は読んでおけ」と言われたので買ったことがあった。勉強になった一方で「そもそも競争しない戦略、というものはないのだろうか」と考えた。自分の性分として、競争相手を見るよりも、自分自身や目の前の人に寄り添って考えたい。そのためには、あまり人が目を向けない領域にアプローチしてみるといいかもしれない。大きなビジネスにはならないかもしれないけど、じっくり育てることができる予感がした。

じっくり育てていけるものとは、仕組みも商品も、簡単にコピーできないものであり、テクノロジーによって代替することも難しいもの。それは「人」が中心にあるもの、と言えるかもしれない。

東京・蔵前にある「カキモリ」は、まさにそんなお店だと思う。ここは「書く」ための道具を扱っているお店。他の文房具店と違うのは、既製品だけを扱っているわけでははないというところ。たとえば、表紙や中身の紙、留め具まで自由に選べるオーダーノート。インクスタンドでは、十数種類のなかから選んだ色を混ぜ合わせ、好みのインクをつくることもできる。お店を訪れると、海外からのお客さんも多いし、週末はお店の前に行列ができることもあった。それにしても、なぜこんなに多くの人を引きつけているのだろう。代表の広瀬琢磨さんは次のように話す。

「ずっと使い続けられることが大事かなと思っています。そのためには、お客さまが使い続けるところまで想像する必要があります」

商品をつくって販売、で終わりではない。その先のことも、自分のことのように考える。どうしてそんな考え方になったのか。広瀬さんの実家は群馬で祖父の代から続く文房具屋だった。

「ぼくが子どものころは、ちょうど大量消費時代で。家じゅうに各メーカーのわけのわからない商品があふれていました。それで嫌になって、正直文房具には興味がなかったんです」

兄が会社を継いだのを機に、東京の子会社を任されることに。当時は通販サイトを利用するのが主流となりつつあった時代。

「ネットでできないことをやろうということで、対面型の小売店として二〇一〇年にカキモリをつくりました。決してマニアックな専門店になりたいのではなく、お客さんの立場で考えたときに、こういう店なら楽しいだろうなという目線で常に見ています。文具業界が扱う紙やペンは、ITなどの発達で、パソコンやコピー機にとって代わられました。だからこそ今、人が手で『書く』ことは価値があると思うんです。たとえば、メールで告白されるのと手紙で告白されるのでは、違いはもう明らかですよね。いろんなことがデジタル化していくなかで、人にしかできないことって、これからもっと大事になっていくと思います」

カキモリでは使う人の未来まで考えて商品を販売している。そしてカキモリの万年筆や便箋《びんせん》で書かれた手紙を受け取った人にまで思いは続いていく。結局、どんなにテクノロジーが発達したとしても、真ん中にいるのは「人」。その人たちがどうありたいか。

それが大切なのはいつまでも変わらない。「書く」という行為も同じ。たしかに簡単にメッセージを送ることができるようになった。だからこそ書くときには、道具や紙はよく選びたい。街の文房具屋さんはなくなっていくかもしれないけど、カキモリはいつまでも残っていくように思う。

カキモリのある蔵前のあたりには、同じような姿勢のお店が多い。日本仕事百貨で求人したお店だけでも、アッシュコンセプトに、SyuRo、Dandelion Chocolate Japan、それにNAOT TOKYO。木村硝子店もがんばれば歩いていける距離だし、谷根千《やねせん》まで行けばtokyobikeやHAGISOもある。ぼくらのリトルトーキョーも含めて、東京の東側はぶらぶら歩くにはとても楽しいエリアになりつつある。

蔵前の北、調理道具の専門店が並ぶかっぱ橋道具街にあるのが「釜浅商店」で、店構えから他のお店とは違っている。白いサッシに、大きな黒の暖簾《のれん》、そして店の前には大きな釜。なかに入ると、商品が積み上げられるように並んでいるお店が多いなかで、とてもきれいでわかりやすくディスプレイされている。海外からの旅行客も多い印象。日本仕事百貨の取材に同行する形で、釜浅商店を訪ねる。迎えてくださったのは四代目店主の熊澤大介さん。

「浅草にある釜屋だから、釜浅商店。創業以来、ずっとこの場所で料理道具屋を営んでいます。ずっと、うちって面白い仕事をしているなって思っていてね。三代目の親父は、仕入れたものを売るのはもちろん、他のお店で断られた難しい注文も、『面白いからやってみよう！』と受けていたんですよ。ぼくはもともと中目黒のインテリアショップで働いていて。そんな親父の仕事ぶりを見ていたし、テレビ番組『料理の鉄人』の人気もあって、料理をつくることが格好いいというイメージが世の中に広がっていった。やっぱりうちは、いろんな可能性を秘めている店だと思ったんだよね」

それでも、三十歳でお店を継いだときには危機感もあった。

「飲食店を開くときは合羽橋ですべて揃う、と言われていたのに、ホームセンターやネットショッピングでこと足りるようになって、だんだんとお客さんが減っていったんです」

もともと合羽橋は、プロが調理道具を揃えるための問屋街。バブル以降、飲食店の景気が回復しないなか、客足も遠のいていった。一方で増えていたのが一般のお客さんだった。

「スカイツリーができて、メディアでも合羽橋が取り上げられるようになって。でもせっかく来てもらっても、一般の方にとってはまだまだ入りにくい店だった。基本的にはプロ向けの店だったから。一般の方もこれだけ来てくれるなら、その人たちにも喜んでもらえるような店にしないといけないと思って」

二〇一一年にお店のロゴやつくりをリブランディングすることに踏み切る。店内の棚を取り替え、お客さんが手に取りやすいような目線の高さにした。通路にもゆとりをもたせて、商品の並べ方も見やすいように工夫した。お店のロゴだけではなく、名刺のデザインも一新。そのときに生まれた言葉が〝良理道具《りょうりりょうり》〟。良い道具には良い理《ことわり》がある、という意味が込められている。

「道具というのは、一つで何役もできるという器用なものではないけど、それぞれの特性に合わせて使えば右に出るものはない。長年つくり続けられているものには、形や素材、一つひとつに理由があるんだよね」

たとえば包丁の刃は、繊維を切りやすくするために曲線を描きながら先へいくほど鋭く尖る。これも、長い時間をかけて現在のかたちになった。

「値段は張るかもしれないけど、いいものを手に入れて、手入れしながら自分だけの道具に育てていく。そういったことを伝えていく店でありたい。だからうちは、便利なキッチンツールは置いていない。一方で手仕事がすべていいとも考えていないよ。機械でつくったものでもそこに理があれば取り入れたい。だって、使うための道具だもんね」

さらに取材で印象的だったのが接客。七十年前に購入した包丁を持ってくる方や、職人さんでもつくったことがないようなものをオーダーする方もいらっしゃるそう。きっと釜浅商店ならなんとかしてくれる、という思いがあるんじゃないか。そんな期待に応えるために、年に三回ほど、産地の職人さんを訪ねている。そうすることで、どうやって道具が生まれているのかをお客さんに説明することもできるし、特別な依頼をもらったときには職人さんに相談することもできる。

人の目利きや編集の力というものは、これからも必要とされると思う。しかも、それらの力があれば、じっくりと育てていけるような商売をつくりやすい。その中心には「人」がいるのだと思う。

今、ここで生きる

二〇一四年七月。この日はまだ梅雨明け前だというのに、晴れて夏を予感させる暑さだった。にぎやかな金沢駅から北陸本線で一駅。さらに北陸鉄道に乗り換える。これから求人の取材だというのに、少々不安な気持ちになりながらホームで電車を待っていた。目的地は「キングストングリル」というカフェ（今では「ファンタブル」という名前に変わっている）。

漠然と不安な気持ちになっているときは、いつもなぜそういう気持ちになっているのか、具体的に原因究明するようにしている。たとえば、朝起きたときに気分がよくなかったら、なぜそうなのか考えてみる。すると「ああ、まだあの仕事が残っていたからだ」とか「謝らないといけないことがあった」とか、理由があることがわかる。これだけでも少し落ち着くし、さらにどうやったらその不安を解消できるのか冷静に考えてみる。どこから手をつけるか、その手順まで想像できたら、もうだいぶ気分はよくなっているし、「さあ、やろう」と前向きになっている。不安を漠然とさせたままなのはよくない。

ぼんやりとホームで待っていると、オレンジ色の電車がやってきた。今、自分が不安な理由もわかっている。それは今回の求人で、日本仕事百貨がお役に立てるか確信が持てなかったから。ぼくらの求人サイトは、いわゆる営業はしていない。口コミで広がったり、ご紹介いただいたりすることが多い。ただ、ご依頼をいただいても、すべて求人募集させていただくとは限らない。まずお役に立てるかどうか正直にお話しする。その上で、あらためて掲載させていただくか確認する。採用にいたるのが難しいかもしれないとお伝えしても、求人することになる場合もあるし、結果的にそれでうまくいったこともたくさんある。

沿線には学校が多いのだろうか、それとも通学時間帯に重なったのだろうか。若い人が多く乗る電車は、ゆっくりと街のなかを進んでいく。だんだんと車窓から田んぼが見えるようになり、小さな山も迫ってきた。

カフェの求人募集をさせていただくこともよくある。何か特徴があるところだとお役に立ちやすいけど、キングストングリルはまだその特徴を掴みきれずにいた。金沢駅から離れているし、求人しても応募していただけるだろうか。そんな不安を共有した上で、それでも募集されたいということだった。

最寄駅、四十万駅《しじま》で降りる。ぼく以外に降りる人はいなかったし、駅も無人駅だった。やっぱり不安になる。でも行ってみないとわからない。田んぼと住宅が広がる道を進んでいくと、すぐにカフェを見つけた。店の前にはキャップをかぶって、半袖短パンのお兄さん。この人がキングストングリルを運営する「おまめ舎」の代表の久木誠彦《きゅうき》さんだった。久木さんはいい意味で、ゆるやかな人。お店で働く人たちも、仕事をしているという意識はもちろんあるのだろうけど、窮屈な感じがしない。お店のなかに入って話を聞くことにした。

「新しく入ってきた人は、まずは現場で働いてもらう。ある程度スキルを身につけたら、次のステージにいってもらいたい。それが何だかわからないけれども」

何だかわからない？

「たとえば、向こうにいる彼はアパレルをやっていたから、どこかに新しいアパレルのお店をつくってもいいかもしれない」

なるほど。一緒に働くメンバーやタイミングで、次にやっていくことを決めているのですか。

「そうですね。ここははじめに私たち夫婦でお店をスタートしたんですけど、女の子がひとり入ったんです。彼女はお菓子をつくる学校に行っていて、お菓子づくりがしたかったんですね。でもまあ、お店全体のなかでお菓子をつくる仕事の割合は小さい。二年くらいしたら、『もうちょっとお菓子をつくりたいので、ほかのお店に移りたい』って言うんです。『いいよ』って言ったんですけど。そこでも思ったよりお菓子がつくれなかったそうで」

ちょうどタイミングがよかったこともあり、お菓子屋さんをはじめたら、また戻って一緒に働いてくれるか提案してみた。すると喜んで承諾してくれて、お店の一部を改装してマフィン屋さんをはじめることになる。

「あとは店長の友人が、雑貨屋さんの店長をやっていて。何度かお店の手伝いに来るようになったので『雑貨屋したい?』って聞いたんです。それで今度は雑貨屋をつくることになった。ぼくは何もできないんですよ。まあ料理は少しできますけど、専門的ではない。学校も行ってないし」

はじめからすべて決めないで柔軟に行動する久木さん。自由だからこその心地よさが職場にはあるのかもしれない。「あれ？　想像していたよりも魅力的な仕事なのかも」と思って、少し前のめりになる。それにしてもなぜこんなに柔軟なのだろう？　するとこんなエピソードを話してくれた。

「小中高と、サッカーしていたんです。けっこう本気でやっていて、わりとちやほやされていて。プロになりたかった。叶うと思ってた。けど上には上がいる。薄々気づいていたんだけど、あんま見ないようにしてた」

高校進学ではサッカーの強い学校を受験することにした。学力はギリギリだけど、サッカーがあるから大丈夫だと言われていた。

「でも受験に失敗して。それでちょっとだけグレるんです。グレるっていうか、バンドやったりね」

そのあと大学進学もあきらめて、イベント会社に入社する。

「みなさん、いい人ばかり。お給料もたくさんいただいて。けどこのまま、これを繰り返していくのかなって思って。それも素敵なことだと思ったんだけれど、自分には向いていないのかなって」

ひとつの目標ができても、それが達成できないこともある。それなら一つひとつ目の前のことに向き合ってみるのもいい。環境だって常に変化していく。イベント会社の先輩に悩みを相談したときに連れていってもらった飲食店で、人生が大きく変わった。

「衝撃だったんですよ。あまりに素敵なお店で。先輩も『悩んでるくらいなら働いたらいい』って言ってくれて。そのままそこで働くことにしたんです。親が寿司屋で、忙しくて子どものときにかまってもらえなかったので、飲食だけはしないでおこう、と思っていたんですけどね」

そして、二十三歳のときに独立する。出会ったのが、この場所だった。

「この建物が売りに出ていて。『こんなところで誰が商売するの?』って場所だった。でもぼくの奥さんがこのあたりの出身なんですよ。決めちゃいなさいって。あと金沢駅のあたりはのんびりしていなくてきらいだって。大丈夫かな、と思いながら、まあとりあえずやっちゃおうということになりました。二〇〇〇万円だったし。もともと飲食店だった建物を購入して、そこを一五〇〇万円で改装して。でも全然ダメだったの。夫婦二人がやっと食べていけるくらい。しかも、はじめはジャマイカ料理屋だったんですよ。でもそのときのアルバイトが『女性は野菜を食べたい。ジャマイカ料理よりも』と言ったのが印象に残っていて。それで今みたいなスタイルになりました。当時は野菜とかオーガニックとか、そういうお店がなくて。地方紙に出たらすぐに行列になったんです」

そんなに無計画に行動していたら、失敗も多そうですね。

「そりゃ、いっぱいありますよ。たとえば、冷凍のジャークチキンをつくって、ネットで売ろうと思ったんだけど、月イチで注文が入るくらいで。こういう細かい失敗はいくらでも。お店をつぶすようなことはなかったけれど」

ケーキをつくりたいスタッフがいればケーキ屋さんをつくり、雑貨屋さんをやりたい人がいればはじめる。未来は決まっていない。縁とタイミングで、だんだんと形づくられていく。過去にもとらわれない。失敗したらまた軌道修正すればいい。目の前のことにしっかりと関わっていけば、思いは形になっていき、自ずと行きたいほうに近づいていく。そんな感覚があるから、ここで働く人たちは生き生きとしているのかもしれない。この取材もそうだけど、やってみないとわからない。不安な気持ちがあるのはしょうがない。過去や未来のことを考えすぎずに、目の前のことに集中してみる。

同じようなことを感じたのは、「群言堂《ぐんげんどう》」の松場登美《まつばとみ》さんの話を聞いたときだった。群言堂は日本の素材を活かしたアパレルブランドで、登美さんが代表を務める石見銀山生活文化研究所という会社が運営している。本社は島根県大田市大森町。世界遺産「石見銀山」のあるところ。登美さんは三十年ほど前に夫・大吉さんの故郷であるこの地に移り住み、まずは呉服屋の片隅で布小物をつくることからはじめた。今では「登美」

「根々」「Gungendo Laboratory」などのブランドが生まれ、スキンケア用品や発酵食品の開発、飲食店の運営もしている。さらに地域にある古民家を買い求め、修復しながらコツコツとお店を増やしていった。そして十年ほどかけて修復し、宿にしたのが「他《た》郷阿部家《きょうあべけ》」。石見銀山の会社から歩いてすぐのところにあって、登美さんが暮らす場所でもある。

実は日本仕事百貨で取材するのは二度目。すでにほかのスタッフが群言堂の取材をさせていただいたことがあった。その文章を読んで「次は自分が担当したい」と強く思った。羽田空港から飛行機に乗って一時間半ほどで島根県に到着。空港で小さなレンタカーを借りて海岸沿いを走っていく。しばらくしてから道路は海岸線を離れ、里山を抜けて石見銀山に到着した。山と山の間にひっそりとある、人口四〇〇人ほどの小さな町。

登美さんには夕方からじっくり話を聞くことになり、まずは泊まる部屋に通された。なかに入るといい香り。昔からこの地域で飲まれてきた「こぉか茶」のものらしい。布団はふっくらしていて気持ちよさそう。こたつに座りながら、部屋に置かれた家具やしつらえなど、一つひとつに感嘆する。はじめて訪れた場所なのに、なんだかちょうどいい温度のお風呂につかっているような気分。

しばらく待っていると登美さんがやってきた。部屋を出て案内されたのは、かまどのある台所。この家の中心。使いこまれた道具が並んでいて、もう夕飯の支度が進められていた。かまどには火がいれられて、包丁のトントンという音も聞こえてくる。

「ここは私の理想の暮らしの場なんですね。その理想の暮らしを世の中に問うてみたい、という気持ちでここを宿にいたしました。ここに移り住んでからもう三十年ですけども、夫が最近、家業、生業、本業という話をするようになりました。夫の実家はもともと繊維に関わる仕事をしてきましたので、業態は変わっても繊維に関わる仕事で家業を継いだということになります。それから食べていくために、生きるために仕事をしてきました。それが生業です。そして六十歳目前にして本業を、つまり、自分が本来するべき本当の仕事が見えてきたというようなことを言っておりまして。それは私も同じなんです。夫は民家再生に力を入れてきました。私はそこでただ建物を再生するだけじゃなくて暮らしも再生しなければ意味がないと思うようになりました。そして、今やっと自分の人生をかけてやるべきものを見つけたんです。自分の人生もそうでしたけど、だめだと烙《らく》印《いん》を押されても、いつか芽が出て成長できると思うんです。この家も、誰もが壊すしかないと言ったほどボロボロの家だったんですね。はじめは重病人を介護するような気持ちで直しはじめました。でもしばらくするとそれが逆転するんです。今はこの家があることで、どれだけ勇気をもらい、夢が描けるかわかりません」

他郷阿部家は三十年空き家だった。天井は抜け落ちてシロアリもいた。まずは不要なものを整理して、家の傾きを直すため瓦《かわら》を下ろし、壁も落として、新しく建てる以上の労力をかけた。また改修には、できる限り土地のものや廃材を利用することにした。そうやって生まれ変わった空間は、小さな子どもも大人も受け入れる、懐かしいようでモダンな空間になった。

「お座敷に夫がくれた掛け軸があって。心想事成《しんそうじせい》って書いてあります。心に想う事が成ると書いて、心想事成なんですね。だからよく、お金がないとか、才能がないとか言うけど、やっぱり想う気持ちというかね。それが一番のエネルギーなんだと思っています。どういう心持ちで人がそこに関わるかによって、その場のパワーってものすごく引き出されてくるんです。そして私はいつも足下の宝を活かして暮らしを楽しむって言うんですけど。なにも離れたところに行かなくても、足下に宝がいっぱいあるんですよ」

どこか遠い場所ではなく、未来でもなく。足下にあるもの。登美さんはそういった身近なものを大切にしてきた。新しくつくるのではなく、かといって懐古主義になるのでもなく。今あるものを再生させて活かしていく。

たとえば群言堂の本店にある大きな藤の木もはじめは小さな盆栽だった。花が咲かないから捨てる、という人から譲り受ける。するとどんどん大きくなって花を咲かせるようになった。もうだめだと言われた梅も毎年見事に咲くようになった。他郷阿部家や群言堂のお店には、近くで摘んできた花がさりげなく活けられている。それは石見銀山の本店に限らず、東京・西荻窪にあるお店でも。花のない季節なら柚子や南瓜《かぼちゃ》をしつらえる。掛け軸にはごみ箱に捨てられていた大福帳の破れたものを表装している。古いものなのに、現代アートのようにも見える。

あるものを活かすとか、古いものを残すということは、今まで流れてきた時間とつながるということ。新しいものに交換して時間を断絶するのではなく、古いものや家を現代に活かしながら再生させていく。

「今は無駄なものを大量につくって、大量に安く売って。それを消費していくことを煽《あお》っている。私の友人のデザイナーも、デザイナーという仕事はそもそも人を幸せにする職業だったのに、今や経済を加速する職業に変わってしまった、と言うんです」

お金をかけなくても、新しいものを用意しなくても、豊かな暮らしができる。そんなふうにして再生させたのは、ものや家だけではない。ここを訪れた人たちも、それぞれに途切れてしまった心をつなぎ直している。

その日の話はここまで。しばらく部屋でゆっくりしてから、台所で夕食をいただくことになった。テーブルの上には、次々と料理が運ばれてくる。海の幸に山の幸。どれも素材のおいしさが引き立っている。それ以上によかったのが、テーブルを囲んで会話することと。ここでは会話が何よりの御馳走。最後に薪をくべて羽釜で炊いたごはんに卵をかけていただいた。楽しい会話を終えて風呂に入る。なかには湯気が充満していて、ぼんやりと幻想的だった。ゆらゆらと揺れるロウソクの灯りを眺めながら、登美さんの日常に感じ入った。部屋に戻ると布団のなかには湯たんぽが入っている。電気を消すといつのまにか寝てしまった。

翌朝起きて、蔵を修復した部屋で朝ご飯をいただきながら、あらためて登美さんと話した。話はいろいろなことに及ぶ。ただ、どれも根っこは共通しているように感じた。

「大事なのはヒューマンスケールだと思うんです。このあたりの道は、車社会でない時代の道幅だから、通りすがりに必ず会釈するし、子どもたちも挨拶する。そこに人の暮らしがあるってことですよね。だから私は、お客さまにも暮らすようにここに滞在していただきたいです」

仕事とか暮らしとか、すべてがつながっている。この場所を流れる時間ってオンオフがないような気がします。

「そうね。私はね、いつもね、そんな働きっぱなしで大変じゃないですかって言われるけど。仕事とプライベートとか、楽しみと仕事とか、区別がないんですよ。だから年中働いてるんですよね。でも年中遊んでいるかもしれない。そういう感覚なんですよね」

仕事というよりも、それも含めて生き方なんでしょうね。

「まさにそうですね。私は好きなところで好きなことして食べていけたら、こんなに幸せなことはないと思っていて。それでまた人様が喜んでくださったら、これもまたうれしい話ですしね」

群言堂では「We are here!」という言葉を大切にしている。それはなにも、ここ石見銀山だけを指しているわけではなくて、それぞれがそれぞれの場所にいる、という意味合いなんだそう。たとえば東京・高尾のお店では、近くに東京霊園があるのでお花も販売するほか、近くにスーパーマーケットがないのでお豆腐や卵、納豆なども販売している。そうやって、その場所でできることをしていると、喜ばれてまたお客さんは来てくれる。それは働いている自分たちもうれしいこと。今いる足下に、宝はある。

IV

枝を張り、葉が茂る

「しごとバー」のはじまり

足りない何か

根を張りながら、幹を太くして、枝を伸ばしていく。同じ種類の樹木であっても、まったく同じ樹形の木はない。成長していく方法は、一〇〇人いれば一〇〇の形がある。

ぼくらの最初のオフィスは二〇〇七年の年末、東京・神谷町にある先輩の事務所に間借りさせてもらうところからスタートした。二〇〇八年の夏に仕事百貨がはじまり、二〇一〇年、次に借りたのが南青山のシェアオフィス。仕事が広がるにつれて、自分だけのオフィスを借りたいと思うようになったのが二〇一一年の夏ごろ。ただ、普通のオフィスは借りたくない。クローズドな場所ではなく、気軽に遊びに行けるような場所が良かった。

インターネットが広がるにつれて、テクノロジーと巨大資本があるところが、どんどん優位になっていくことは予感していた。それらに対抗せず、依存せず、共存できるものをつくりたかった。軽やかに使えるインターネットの特性は活かしつつ、じっくりと腰を据えて質を高めていけるようなものをつくりたい。「人」や「現実世界」が大切なんじゃないかと考えていた。

インターネットに求人を掲載しつつ、一つひとつの記事は職場を訪ねて、職人のように編集する。すでにぼくらはインターネットの特性を活かしながら、真似できない仕事をつくっている自信があった。でもまだ何かできそうだ。その足りない何かは、インターネットのなかというよりも、人と人が関わる現実の世界にあるように感じていた。

二〇一一年の年末に、念願のオフィスを借りることになる。表参道駅から徒歩七分ほどの場所。「東京R不動産」で見つけることができた。この物件はマンションの一室のような場所で、普通の玄関もあるのだけど、それとは別にポーチがついていて、共用廊下を通らずに、直接道路から入ることもできた。ポーチで植物を育てたり、天気がいい日は外で仕事をしたりもできる。何よりオフィスを閉じることなく、ふらりといろんな人が気軽に遊びに来てくれるようにできるんじゃないかと想像した。

オフィスのオープニングの日には、いろんな人がポーチから入ってきてくれた。そのあともふらりと遊びに来てくれる人が多かったし、そんなときは仕事の手を休めて、なかへ招き入れて、会話をする。仕事百貨を見てくれている人が、突然いらしてくれることもあった。もしぼくらのオフィスが気軽に入れない構造だったら、こういう出会いも生まれていなかっただろう。次にオフィスを移転するときは、もっと開かれた場にしようと思った。

再開発エリアの虎ノ門にオフィスをつくる

そんなときに「greenz.jp」というサイトを運営している仲間と、もっと開かれたオフィスをつくりたいと話をすることがあった。それなら一緒にやるか、ということになる。

彼らは「ほしい未来は、つくろう」を合言葉に、ソーシャルな活動をしているNPO。はじめてつながったのは、独立間もないころに、池尻大橋のIID（世田谷ものづくり学校）にて毎週開催されていたオープンランチで、当時編集長をしていた兼松佳宏《よしひろ》くん（現在は京都精華大学の特任講師）と出会ったときだった。

当時、森ビルで働いていた黒田哲二さんに「何か面白いことができる場所ありませんか？」と相談した。黒田さんは建築出身で、あるパーティーでご一緒したことをきっかけに仲良くさせていただいている方。すると虎ノ門の再開発エリアを街歩きしながら探そう、ということに。このあたりは再開発前なので、入居者が退去してしまったビルが多く、昼間も人気のないエリアになってしまっていた。黒田さんと虎ノ門の街を歩いていると、すぐにお寿司屋だった古民家を見つける。となりにある空き地も良さそうだし、横にある細長いビルも気になる。黒田さんに「これ、すべて借りられないですかね」と相談したら、森ビルが所有していることがわかった。

再開発までの間、ぼくらはとてもいい条件でこの場所を借りることになった。森ビルとしては、これから変わっていく街に人を呼び込む機会をつくることにもなる。お互いの利害が一致して、「リトルトーキョー」という場所をつくることになった。

二〇一三年六月に南青山を離れて、虎ノ門に引越し。裏にある愛宕《あたご》神社に地鎮祭をお願いして、できる限り自分たちでセルフリノベーションすることになった。もちろん、お金がなかったことも大きな理由。壁を蹴《け》り壊して、廃棄物を捨てて、長年積もった埃《ほこり》を落とす。難しい工事は日本仕事百貨にはじめて掲載の依頼をいただいた「ルーヴィス」さんにお願いしながら、マスキングして、天井や壁も塗装した。空き地にはデッキを張って、車輪のついた移動型の小屋を建てる。セルフリノベーションには、たくさんの人たちに参加していただいた。その輪はどんどん広がっていき、今でもつながっている。これからもみんなで一緒につくり続ける場所にしたいと思った。

メインとなるのが元お寿司屋さんの建物。一階のカウンター席だった部分をイベントスペースにして、厨房だった場所はバーカウンターに。二階の座敷はそのままにして、ワークショップなどが開催できる場所に。三階はオフィスになった。空き地の移動型の小屋は、出版業界で働きながら、いつか自分のプロジェクトをつくりたいと考えていた松井祐輔くんと一緒に、「小屋BOOKS」という本屋にした。デッキスペースは高層ビルを見上げながらバーベキューをしたり、野菜を育てたりする場所になった。

言葉を文字にする前の何かを共有する

はじめてみて気がついたことは、バーになかなかお客さんが来ないこと。バーテンダーのヒロくんはのんびりしたいいヤツで、彼のまわりに常連さんが集まっていたけど、まだまだ少ない。そこでこのバーを活用して何かできないか考えるようになる。

日本仕事百貨はもともと「この世の中にはいろいろな生き方・働き方がある」ことを伝えたいという思いからはじまった。ただ、取材をして文章にすると、感じたことのすべてを届けられていないのでは、と思うことがあった。相手が発した言葉を文字にしてしまう前に、たしかにあったもの。

話す調子や振る舞い、さまざまな文脈。できる限り、そのエッセンスを残そうとしているし、読者のお話を聞くと、たしかに何かが届いているようにも感じる。でも何かが抜け落ちている。湯気の立つコーヒーカップだって、写真に撮れば香りや熱を伝えることは難しい。それだったら本物のコーヒーを飲めるようにするのはどうだろう。取材に同行してもらうのは現実的じゃないから、いろいろな生き方・働き方をしている人をゲストにお呼びして、直接会う機会をつくることを考えた。

ただ、それはトークショーのような形ではないほうがいい気がする。それだと、自然に会話することとは違うし、話し慣れている人ほど演じてしまうこともある。できるだけ、普段に近い環境をつくりたい。それなら一方的に話してもらうよりも、一緒に会話する場をつくれたらどうだろう。自然に会話ができる場として、思い浮かぶのはバーカウンターだった。はじめて会った人同士でも会話がはじまりやすい。アルコールが気分もほぐしてくれる。

「しごとバー」の広がり

そんなふうにひらめいて早速「しごとバー」をはじめることにした。ゲストを囲んで、飲みながら会話をする場。予約も不要で、ふらりと訪れて一杯お酒を頼んでくれればいい。敷居は高くなく、気軽なほうがいい。ただでさえ、バーというのは敷居が高いものだから。

二〇一四年二月十八日、自分自身がゲストになって一緒に飲むところからはじまった。最初はお客さんが今よりもずっと少なかった。ひっそりとオープンしてから、すぐに話題になって、たくさんの人が訪れることになる。しごとバー、なので仕事のことはもちろんのこと、話題は世間話から恋愛話まで(恋愛と仕事の話は重なることが多い)。夜が更けていくとくだらない話もするし、激論になることもあった。

多いときは一〇〇人以上の方がいらっしゃるけど、一〇人くらいで話す時間もいい。トークゲストが壇上にいると、雲の上の存在のように感じてしまう。でも会話をしていれば距離がぐっと近くなる。ゲストの人となりがよく伝わるし、自分にも何かできるんじゃないかと思えてくる。

お客さんがまた新しいお客さんを連れてきてくれる。自分もゲストになりたい、という人もいたし、リトルトーキョーで何かはじめたい、という人も現れる。「自分の地元でもしごとバーをやってみたい」という人もいた。

ここまでの出来事はすべて、しごとバーをはじめて半年以内に起こったこと。そのあとも仕事に悩んでいた人が独立してゲストとして戻ってくることもあったし、しごとバーが新しい仕事をはじめるきっかけになったことも数えきれない。

いろんなご縁が生まれたと思う。思いつきでつくったバーカウンター。お客さんが少なかったので、思いつきではじめたしごとバー。そこにいろいろな人が関わることで、自分の想像を超えて広がっていった。

残念ながら再開発がはじまることになり、二〇一五年九月二十五日にリトルトーキョーは閉店することになった。二年くらい経ったときに、同じ場所を訪ねたらすっかり更地になっていた。でもあのときのメンバーが集まれば、いつでも思い出せる。再開発の隙間から生まれたリトルトーキョーは、新しい大家さんとのご縁もあり、江東区の清澄白河に移った。しごとバーも新しい場所で続いている。

顔が見える

ついつい訪れてしまう場所がある。いつもの人たちがいるバー。なぜかとなりの人と会話がはじまる居酒屋。久しぶりでも温かく迎えてくれる宿。そのひとつが沖縄・那覇にある「月光荘」というゲストハウス。

はじめて訪れたのは、二〇一一年夏。ちょうどシェアオフィスを出て、自分だけのオフィスを借りたいと思っているときだった。出張ついでにもう一泊しようと、Twitterでオススメの宿があるか、みんなに問いかけた。すると月光荘を紹介されたので、まずは電話してみることに。すぐに女の人が電話に出る。こちらはたくさんの旅行客のうちのひとりなんだけど、しっかりその人と会話をしている感覚。たとえば、接客のときだけ声のトーンが変わる人もいる。そこにその人はいるんだけど、いないような感じ。この人は「きっといつもこんな声を出すんだろうな」という印象だった。

幸運なことに空きがあったので、その足で訪れる。国際通りから少し入ったところで看板を発見。それを頼りに進んでいくと、古民家が目の前に現れた。二階の窓には色とりどりの布がかけられていて、建物のなかに入るとひんやりした風が体を通り抜けた。汗ばんだ体に心地よくて、気持ちが落ち着く。

受付のような場所で待っていると、そのとなりにある板の間では何人かが集まって談笑している。宿の人らしき女性がやってきたので、予約した者であることを伝えると、ひととおりの説明を受ける。洗面やトイレ、そして洗濯の方法など。そのあと部屋に荷物を置いてから、また受付の前に戻ると板の間にはもう少し人が増えていた。

「一緒に飲もうよ」

突然、そんな言葉が聞こえてきた。まわりを見渡してもほかに誰もいない。どうやら自分のことらしい。まだ夕方だというのに、みんなお酒を片手に愉快に話している。板の間にあるちゃぶ台の上には、ビールに泡盛。おつまみもある。そのまわりを囲みながら、それぞれ楽な姿勢で座っている。声をかけられて少し照れながらもうれしかった。一人旅というのは孤独なもの。勝手がわからないから、少しだけ戸惑いつつ、輪のなかに入ってみる。

人と人の間を縫いながら、自分が座れそうな場所を見つけたら、まずはビールを頼むことにした。沖縄でビールを頼むと、まず間違いなくオリオンビールが運ばれてくる。「どうも、ケンタです。沖縄には仕事で来てます」というように、簡単に自己紹介して、さっぱりしたビールを喉に流し込む。まずはみんなの会話を聞いてみることに。

自分と同じような旅行者ばかりなのかと思えば、ご近所さんもいる。ほかには何度も滞在したことがある常連さんや長期滞在者も。それにここで働くスタッフの方。自分と同じように、はじめて訪れた人もいる。誰がお客さんで、誰が働いているのかよくわからない。とてもあやふやでゆるやかな関係。途中からギターや三線《さんしん》が持ち込まれて誰かが歌いはじめる。手拍子をうつ人、ただ、聴いている人。それとは関係なく会話を続けている人。また人がやってきて、だんだんとにぎやかになっていく。

ビールが空いたので、今度は泡盛を頼んだ。となりに座っている男性と会話が弾んだ。体は日に焼けてまっくろ。服装は作業着のような感じ。頭にはタオルを巻いている。なんでもここに長期滞在しているそうで、仕事を辞めて、有り余る時間を使って、各地を巡っているとのこと。今はしばらく月光荘に滞在しているそうだ。

こういうふうに自由に生きている人も世の中にいる。それはなんとなく想像できても、伝え聞くのと、目の前にいるのとではまったく印象が違ってくる。人間、仕事がなくてもなんとか生きていけるし、世の中にはいろいろな生き方がある。お酒も入ったからか、飲み会は盛り上がり、向かいの居酒屋「つきのわ」に場所を移して夜遅くまで飲み明かした。

数カ月後に、再び訪れる。そのときも同じようにチェックインしてから板の間に行ってみた。

「おかえり」

ん？　自分のこと？　自分の家でもないのに「おかえり」と言われることもあるんだな。前回、お会いした長期滞在のお兄さんもいた。話をすると、なんと沖縄で就職活動中であるとのこと。時間は流れていく。そんな時間の流れのなかに、自分も含まれているることが感じられるのは、うれしいことだった。

また別のときには、板の間の手前にあるベンチでギターを弾く青年に出会った。早速、となりに座って話しかける。彼の名はオサムくん。全国をまわっている路上ミュージシャンで、曲をリクエストしたら歌ってくれるらしい。乾杯して、歌を聴いて、また乾杯して、今度は一緒に歌って、また乾杯する。どんな場所をまわっているのか、以前はどんなことをしていたのか。話題が尽きることはなく、飲んで話して歌っているうちに、すっかり夜も更けたので、その日は寝ることにした。

翌日、仕事を終えてから月光荘に戻ると、オサムくんがいたので一緒に飲む。しばらくしたら仕事の時間なんだそうで、仕事場に連れて行ってもらうことに。もうひとり、女の子も一緒になって三人でオサムくんの職場に向かう。途中の会話は学生時代の友だちとしているような感じ。どこかへ遊びに行くようだけど、オサムくんにとっては、これから仕事の時間。

到着したのは、月光荘から歩いて十分ほどの場所にある松山の交差点。那覇の歓楽街の入口に位置している。客引きのお兄さん、すっかり酔っ払ったおじさん、足早に通り過ぎていく若い女性。そんな人たちが行き交う場所で、手馴れた手つきで準備をしているオサムくん。大通りを背にして立つと、向かいにあるコンビニの明かりが彼を照らした。知り合いらしき人たちから何度も声をかけられている。きっと毎晩のようにここで歌っていると、いろんな縁もできるのだろう。コンビニで三人分のビールを買って乾杯したら、仕事のじゃまにならないようにコンビニの壁にもたれながらオサムくんを眺めてみる。
場所柄、夜遅い時間にもかかわらず人通りは絶えない。目の前で立ち止まり、しばらく彼の歌を聴いてからリクエストする人。すっかり酔ってしまって、一緒に大声で歌う人。感動したのか、目をウルウルさせている人もいる。彼らはリクエストした曲に満足して、ギターケースのなかにいくらかお金を置いていく。ぼくも応援する気持ちもあって、誰もいないときに何度かリクエストした。

住んだこともない街で、今まで縁のなかった人と意気投合し、想像もしなかった時間を共有している。しばらくしてからオサムくんの仕事が終わった。片付けをして、また月光荘に戻る。本当は寝ようと思ったのだけど、そのまま向かいの「つきのわ」で飲み明かした。彼とはまた東京で再会することになる。

観光地にはいろいろな人が訪れる。迎える人も、訪れる人も、普通はまた再会すると思わないだろう。一期一会。もし同じ宿を訪れたとしても、そこで働いている人が覚えていてくれることは滅多にない。
そんなことを考えていると、小学校の遠足のときにクラスに同行してくれたカメラマンのおじさんのことを思い出した。春の遠足に一緒に行って仲良くなった人。ところが秋の運動会のときに再会したおじさんの様子がおかしい。こちらはしきりに話しかけるのに、遠足のときのようにうまくいかない。話が噛み合わないのだ。少し考えて、子ども心に気づいた。「そうか、カメラマンのおじさんはぼくらのことを忘れてしまっているのか」。きっとぼくらみたいな小学校をたくさん受け持っているのだろう。

忘れることは仕方ないし、それが悪いわけではない。ぼくがカメラマンなら、同じことになってしまっただろう。カメラマンだけではなく、たとえば担任の先生だって、自分が受け持った生徒のことを全員覚えているだろうか。人は忘れてしまう生き物。それはさびしいことだけど仕方ない。だからこそ、お互いに相手のことを知っている関係というのは、とても大切でかけがえのないもの。それは誰にでも求められるものではなく、求められても応えることができるとは限らない。いい場所とは、誰かが待っていてくれるところなんじゃないか。

そんなわけで月光荘は何度も通ってしまう場所となった。なんだかんだ訪れれば知り合いに会えるし、新しい出会いも待っている。はじめて月光荘を訪れて数年経ち、すでに一〇回くらいは通っていたころのこと。一泊した翌朝、月光荘の向かいにある「てんこもり」で朝ご飯を食べることにした。すると、お兄さんがとなりに座る。話をしてみたら、月光荘をつくった方だった。月光荘沖縄の代表を務める、〝船長〟ことトモレッドさん。

こんなチャンスはなかなかないので、朝ご飯を食べたあとに、月光荘について話を聞かせてもらうことに。

「ぼくが沖縄に来たころは、今ほど沖縄ブームってのもなかったし、民宿はあったけどゲストハウスは全然なくて。当時は、夜になるとよく飲み屋に集まっていたみたい。そこで話をしているときに、飲んだ後に家に帰すんじゃなくて、飲んでそのまま泊まったらいいやんってなって。たぶんその発想からはじまったんだと思うよ。海外でバックパッカーが流行っているからバックパッカー向けの宿をつくる、みたいなことではなくて」

トモさんが関わるようになったのはどういった経緯なんですか？

「当時二十二歳か。今帰仁《なきじん》にある牧場で働いていたら、月光荘をつくることになって、工事に入ることになったの。当時の月光荘はもう超ボロボロでさ、ほんとすごかったよ。

十年分のホコリもたまってて。マンガみたいに床が抜けちゃうんじゃないかってほど。一回全部壊して空っぽにして、はじめからはめ直す作業で」

トモさんは、今おいくつなんですか？

「今三十六歳。あ、二十三歳」

あははは。ちなみに、トモさんがみんなに〝船長〟って呼ばれているのは何でなんですか？

「宿のオーナーとかゲストハウスのオーナーとかいう紹介になってしまうと、つくられたイメージがあるじゃない？　お客さんと飲んで普通に話をしていて、そういうときに誰かが『この人は月光荘のオーナーだよ』って言うと、急にしゃべりづらくなったり変わっちゃったりするから。実際、ぼくはそんなたいしたことはやっていない。継続するために、宿を修理したり、みんなのことを考えてバランスをとったりしてはいるけど、現場はスタッフのみんながやってくれているわけだから。ぼくは、なんとなくナビゲーションするというか、もしこんな感じの船があったら、船をどこに浮かべて、どこに行くみたいな、舵を取るのは自分の役割なんじゃねぇかなと思うんだけど。もちろん、船のなかにコックがいたり、クルーがいたりしてはじめて維持できているというか。それで、なんとなくしっくりくるのが〝船長〟かなって。いちおうやっているのは、ゲストハウスと飲み屋じゃない？　でもその言葉だけじゃ括《くく》られたくないニュアンスがあるというか。それをベースに集まっているとは思うんだけど、もっといろんなことが含まれてるんじゃないかと。沖縄に来て『どうする？』ってときにさ、ホテルに泊まるのは、ありきたりじゃない。でも、飲み屋に行って、誰かと出会って何かが生まれたら、それは面白いよなって」

やっぱり人と飲んだり話したりするのが好きなんですか？

「好きだね」

そういう場をつくって、みんなに楽しんでもらうのも。

「好きだね。好きだからできるんだろうね」

たしかに。いいですよね。この場所をきっかけに、いろんな出会いもあったでしょうし。

「そうだね。出会いの数はすごいだろうね。宝ですよ、宝。内地でイベントとかするたびに『あぁ〜！　何年前のあのとき来てた人だよね』って話になるもんね。もしこの場所が何かの理由でどこかに移ることになっても、その縁は何か別の形になって残っていくと思うし。東京もビルが多いけど、一歩入ったらそういう街はまだ残ってるじゃない？　ローカルで大衆的で昔から変わらない世界っていうの？　人情風景っていうかさ。駅前に行けばいわゆるチェーンみたいなところばっかりだけどさ。そうじゃない、昔からあるような風景がいいよね」

生きるように働く人たちのなかでも、伸び伸びと枝葉を広げている人たちがいる。その人たちに共通していることのひとつは、自分たちでつくり、自分たちで届けているということ。

はじめからさいごまで

東京郊外の立川駅から歩いて十五分。駅前はにぎやかだったのが、だんだん静かな住宅街になっていく。求人の取材で、「福永紙工」という会社に向かっていた。紙の加工と印刷をしている会社で、いろいろな紙を印刷したり、型抜きしたり、穴を開けたり、折ったり、切ったり、糊《のり》付けしたりしながら、パッケージなどの紙製品をつくっている。もともとは地域の会社から仕事を受けたり、大手の下請けをしたりする会社だったが、今では世界が注目するようなオリジナル製品を生み出している。たとえば「空気の器」は一見すると網目状に切り込みがついた紙。これを広げていくと、自由に形を変えることのできる器のようになる。

住宅街を歩いて到着したのは、町工場のような建物。一階と二階が工場になっていて、三階に事務所がある。ルーブル美術館やMoMAのミュージアムショップで販売されているものが、ここで生まれているとはなかなか想像できない。事務所のなかに入ると、代表の山田明良さんが迎えてくれた。まずはこの会社で働きはじめたころの話をしていただいた。

「ずっと地域のお菓子屋さんとか、古くからのお客さんをクライアントにしていたんです。下請けからの脱却、という考え方もあるけれど、下請けで安定してきちっと利益の出る仕事を続けることも幸せなこと。そういう形をつくった会長はすごいな、と思います。ただ、ぼくはアパレル出身ということもあって、違和感があったんです。ずっと同じサイクルで仕事をしているとつまらなかった。入稿されたデータをいかに正確に形にするか、という仕事だった。でもデザインのことも好きだったし、そういうこととつなげていきたいと思ったんです」

あるとき、近所にできた「つくし文具店」を訪ねることがあった。つくし文具店の二代目店主である萩原修さんはデザインディレクターでもあり、大手の印刷会社に勤めていたこともあったので、山田さんが求めていることに可能性がありそうだとすぐに感じた。

「はじめはクライアントにアピールできるものがつくれればいいかな、と思ったんです。こんなこともできるくらい技術がありますよ、というように。でも修さんと一緒にはじめて、下請けから、もう少し川上にいけるんじゃないかと思うようになったんです」

当初想定していたような、企業へのアピールはあまりできなかった。けれど、いろいろなデザイナーさんたちと出会う機会が増えていく。あるとき「自分たちで企画して製品をつくって売ったらいいいんじゃない？」という話になった。

「当時はデザインされた紙のプロダクトはあまりなくて。それで『かみの工作所』という社内プロジェクトが生まれたんです。インテリアライフスタイル展などに出展したら、いきなりMoMAからオファーが来たりして。盛り上がりましたね。じゃあやるか、という感じになった。二〇一〇年、二回目ぐらいの発表のときに宮田くんがたまたまやってきたんです」

ディレクターの宮田泰地さんはデザイナーと工場をつなぐキーマン。この取材時の求人は宮田さんのアシスタントの募集だった。はじめて宮田さんが福永紙工とつながったのが、六本木・AXISでの「トクショクシコウ展」だった。そのときのことを宮田さんに聞いてみる。

「それまではプロダクトのデザイナーをやっていたんです。ちょうど職場を変えようとしていて、何をしようか考えているときに、かみの工作所を知りました。しかもAXISでトークショーが予定されていたんです。それで社長に会いに行きました。そしたらトークショーは事前予約でいっぱいになっていて、当日押しかけたら、なんとか入れてもらえたんです。そのときは就職したいという話はしませんでした。社長も『この人は何がしたいんだろう?』と思ったでしょうね」

なぜ紙に興味を持ったんですか?

「それまで樹脂や金属を扱ったデザインの仕事をしていたんですけど、図面をつくってからできあがったものを見ると『なんか違うな』と思うことがあって。試作や修正をするにも自分の手元に届くまで時間もかかりますし。でも紙って自分でそれなりにできてしまう。思ったことを時間のロスなく、ちゃちゃっとやってみて、修正がその場できくので、すごく便利でフレキシブルな素材。それで興味を持ったんです」

ところがデザイナーを募集しているわけではなかった。そこで宮田さんは提案する。

「ぼくはデザインを勉強していたので、製造側に入って、どういうふうにつくられているのかとか、加工されているのかを勉強したかったし、外部のデザイナーさんとのやり取りのなかでデザイナーさんがやりたいことを上手く現場に伝えるとかいうことが、できるかもしれない。『そんな人、必要じゃないですか？』って言ったんです」

入社してからはどうでしたか？

「今思うとけっこう甘く考えていました。加工ってもっと簡単だと思っていたんです。印刷して、型で抜いて、というように。入社して、現場の人と話してみたり、製品をつくってみると、いろいろな制約があったりとか。パッと見て簡単にできると思ったものでも、わりと難しい壁がいくつかあったりするんです。たとえば、型さえあれば、どんな紙も抜けると思っていたんですけど、紙の質や厚さによってできないこともあるんです。厚い紙だと刃が届かなかったり、抜き型の刃を潰してしまうこともある」

加工も印刷も簡単じゃない。関わっているデザイナーのほうが、自分よりも詳しいこともある。そういう人たちと対等に仕事をしていくには、たくさんの経験が必要だった。ほかにも自分たちがメーカーになるときには、ちゃんと売れる製品をつくる、という目線も必要になってくる。

どんな製品があるのか教えてもらった。まず紹介していただいたのが「テラダモケイ」。これは人や家具、植物など、いろいろな形がプレカットされたもの。はじめは設計事務所や建築学科の学生などが、模型をつくるときに使用することを想定していた。使う人が限られるし、そんなに売れるか不安もあった。ところが販売してみると、思わぬ反響にびっくりする。プレゼント感覚で、気軽に買っていく人が多かった。たしかに見ているだけでも面白い。取材した当時は、売上の半分を占めているとのことだった。

「実際に組み立てている人は多くないかもしれません。ぼくもサッカー編を買いましたが、組み立てませんでしたから。ただ、普通に置いていても、かわいいんですよね」

興味深かったのは、製品化するためにマーケットリサーチなどはしないこと。工場もとなりにあって、すぐにつくることができるので、製品化のハードルが低い。「まずはやってみよう！」という雰囲気。

宮田さんは自分の仕事のことを「翻訳家」と話す。デザインを製品化できるように翻訳する役割。使う紙の量を減らす。工程を減らす。そしていいデザインも実現する。宮田さんの働きぶりをデザイナーたちは「宮田マジック」と呼んでいるそうだ。

「かけこみ寺ですね。『どこも受けてくれませんでした』みたいな案件を依頼されることもありますし。相談があったら、まずコピー用紙を切りながら、なんとなくつくってみます。これならいけそうだ、と思ったら、もう少し厚手の紙でつくってみる。さらにそれをスキャンして、図面をつくっていくんです。はじめから図面を書いてつくると難しいこともあって。もちろん、失敗もありますよ。型で抜いて製品にしようとしたら、一部切れていなくて、スタッフ総動員で一部分を切ったり。想定外のことがたくさんあるんです」

福永紙工の仕事は、実際にやってみないとわからないことが多いし、自分の役割の範囲だけではなく、ほかのスタッフの仕事についても体験してみることで、相互理解が進んでいく。さらにデザイナーが本当に実現したいデザインを形にできる技術力も必要だし、クライアントのことを考えれば、できるだけ材料や工数を少なくして、安く仕上げることも必要になってくる。自分たちで製品をつくっているからこそ、依頼する人の気持ちがよくわかるのかもしれない。

言われたことを形にしているだけなら、相手の気持ちになることは難しい。しかも、今はシステム化やマニュアル化が進んで、誰が働いても同じ品質を提供できる仕事が増えている。たしかに効率はいいが、考えなくても済むから失われているものもあるように思う。

「福島屋」は、そういう損失をなくそうとしているスーパーマーケットだと思う。本店は新宿駅から電車に乗って西へ一時間ほど行った羽村駅にある。外観はいたって普通のスーパー。なかに入っても見慣れた風景が飛び込んでくる。生鮮食品の売り場があり、加工食品や調味料なども並んでいる。ただ、一つひとつの商品に目を凝らすと、あまり見慣れない商品も数多く並んでいることに気づく。

野菜売り場には当たり前のように生産者の顔写真があふれているし、焼きたてのパンや惣菜もおいしそう。とくに印象的だったのが、プライベートブランドの存在。それまでは安売り商品というイメージがあったけど、福島屋の場合はまったく違う。

たとえば、自家製のあんこや薪石釜で焼き上げたクッキー、それにおせんべい。おいしいのに、まだ商品になっていないものがあるなら自分たちでつくろう、を実践した結果、オリジナルの商品が増えていった。その代表が「きあげ」という商品。これは代表の福島徹さんがある醤油メーカーを訪ねたときに出会ったもの。そのときのことを福島さんは次のように話していた。

「お醤油にするには、仕込んで一年なり経ってから、火入れをする。菌を殺すんですよ。それではじめて醤油と言う。その前の状態のもの（＝きあげ）をぼくはもらって、食べたらすごい香りがたっていておいしかった。普通の醤油よりおいしいじゃないかと。ただ、それは賞味期限が短いし、醤油と呼ばないと言われたんです。けど、うまいんだから売ろうと。反対もあったけど、評判が良くて。これを食べてほしいから、売り方から考えました。はじめは毎月十日しか発売しない予約商品にしたわけです」

予約商品にすれば、賞味期限が短くてもロスなく販売できる。醤油と言えなくても、ちゃんと説明して理解してもらってから購入していただけばいい。今は店頭に並べば売れていくので、いつでも買える商品になった。

福島屋のもう一つの特徴は、あらゆる部門がつながっていること。一般的なスーパーでは青果、精肉、鮮魚、惣菜というように、各部門が独立している。商品の仕入れも部門ごとに行う。惣菜コーナーで寿司をつくろうとしたら、売り場で売っているものと同じお米とお酢を合わせるのではなく、業務問屋から仕入れる、もしくは酢飯になったものを仕入れる。こうすれば、各部門で調整する必要もない。発注すれば、いつでも同じ品質のものが、必要なときに必要なだけ届く。

これに対して福島屋の惣菜コーナーでは、青果売り場にある野菜と同じものを使い、同じ調味料で味付けしようとする。結果として、惣菜売り場はお店全体の商品を、有料で試食できるような形になる。こうすると、まずシンプルにおいしい。それに無駄をなくすこともできる。福島さんのお母さんは「ごぼうの捨てる部分はきんぴらにして惣菜売り場で売る」ということをよく言っていたそう。

なぜこんなスーパーをつくろうと考えたのか。福島さんは当時のことを次のように振り返る。

「自分が三十五歳のときに、食べ物について考えさせられることがあって。それまでは売上をどうやって上げるか、ということばっかりでしたから。でも経営状況なども厳しくなっていって、どうしようか考えたわけです。売ることではなくて、みんなにとって、食べ物はどういう役割を果たすのか。どうあるべきだろうか。おいしさってなんだろうということを考えはじめたんですね」

行き着いたのは「生産者、加工事業者、小売の三位一体」だった。それまで生産者や加工事業者は、できるだけ標準化されたものを大量につくっていた。そうすることで、同じ味のものをいつでも流通させることができるからだ。品質が良くても量が少なければ、市場で埋もれてしまっていた。でも生産、加工、小売をつなげると、少量しか生産されていないものでも届けることができる。

「たとえば、インストアで野菜をつくることも考えています。無農薬でつくることもできるし、お客さまを巻き込んでオープンにできる。何よりフレッシュだし、無駄もないから商売としても成立するんですよね。表面的なデザインよりも、おいしい食卓をつくることが大切です。そこから逆算していったら、事業スタイルが決まっていったんです。あとはそれを伝えていくことも大切なこと。そういったことを一人ひとりの社員が意識して変えていかないといけない」

はじめからさいごまで関わる。「ドラフト」の求人の取材に同行したときも、同じような姿勢を感じた。ドラフトは企業ブランディングや広告制作を主とするデザイン会社。そのときは「D-BROS」の直営店のスタッフ募集の取材だった。D-BROSは生活のなかでデザインを楽しんでもらおうという思いから、ドラフトが制作から販売までを一貫して行うプロダクトブランド。代表の宮田識《さとる》さんは、お店で働くスタッフに求めていることを次のように話していた。

「ここで働くということは、ショップスタッフとして立つだけでなく、一人の人間がどのようにして生きるかっていうことに似ていると思います。商品をどう並べたらいいのか。どんなことをしゃべったらいいのか。どのように売ろうか。そういう考え方もデザインですよね。デザインっていうのは、みんなが考えるよりも大きいと思っています。うちの商品は説明ありきだから、まず商品の説明をして、購入につながる。そして、最後に何をしゃべるかが大事になるかな。商品を包む二十秒とかね。お店に立つスタッフは、自分で言葉を探さなきゃいけないと思うんですよね。言葉って誰かに教わるものではないから、自分の気持ちが自然に出る。自分の言葉を帰り際にひと言添えたら、あそこに行ったらなんか気持ち良いなって思うじゃない。それもデザインだと思うんです。そういう気持ちで接客してほしいですね」

なぜドラフトはデザイン会社なのに、自分たちでものをつくり、売ってみようと考えたのだろう。宮田さんは次のように話をしていた。

「まず、自分が欲しいものがなかったんですよね。業界を眺めると、D-BROSでつくりたいと考えていたプロダクトを形にしている人が見事にいなかったんです」

「それに、企業と組んでプロジェクトを進めていても、向こうの事情で急に打ち切りになることがあるんです。仕事がなくなることは想像以上に寂しい。こういうことを何度も繰り返すのは嫌だなあと思って。でも自分がメーカーになれば、一生やり続けることができる」

「あと、ものをつくったらどういう動きがあるのか、あまりわからないから、想像するしかなかった。それなら自分たちでつくって、売ってみようと思って。依頼する人や買う人の気持ちを知ろうと思ったんです。それはデザイナーにとって、のびのびと成長する機会になるんです」

つなげるデザイン

ものをつくるところから、販売するところまでをつなげていく動きがある一方で、いろんな領域をつなげている人たちもいる。「MIRU DESIGN」代表の青木昭夫さんはまさにそんな人だと思う。青木さんは展覧会やプロモーションイベント、ブランディングなどのプロデュースやディレクションをしている方。デザイン業界の人たちが集まる飲み会でご一緒したのが、最初の出会いだったと思う。現在はデザインを軸にして、商品や人、場所など、あらゆる領域を横断して仕事をしている。転機となったのは、デザインイベント「DESIGNTIDE TOKYO」で実行委員長に抜擢されたこと。MIRU DESIGNを取材したときに、それまでの経緯を聞くことがあった。

「もともとはファッションを勉強していたんです。学生のときからNHKの番組やモダンダンスの公演会の衣装をつくったりしていて。ひとりじゃできないから、ほかにも学生を集めてチームをつくって。当時から熱意だけはあってね。それにモダンダンスの先生はすごい任せてくれる方でした。公演会のフライヤーのデザインはぼくのコンセプチュアルなファッション画をそのまま使いたいと言われて、フライヤーのデザインも担当したり。当時、『HAPPENING』というデザインイベントがあって、そのボランティアをしたんです。目的は、ファッションだけの人種じゃなくてグラフィックや建築など、いろんな人たちとまじりたくって。学校にいると、ファッションの話しかしない。でもそれって視野がせまいな、と思って」

HAPPENINGのボランティアに、夏休みのほとんどの時間を費やした。そんな青木さんを見て、イベントのオーガナイザーである家具屋のオーナーが声をかけてくれた。それが縁になり、働くことになる。

「一年半くらい働いたあとに、福岡のお店が立ち上がるということで、そちらに行くことになるんですね。お店を任されたので、もっと自由にやることができたんです。すごい楽しかったですよ。今でも福岡は愛してやまない故郷だと思っていますから。はじめは友だちがひとりくらいしかいなかったけど、二年後のお別れパーティーでは九〇人くらいに祝ってもらいました」

その二年間で、青木さんはいろんなことを経験する。たとえば、外から丸見えのウィンドウのなかで家具に囲まれながら一週間生活する、というインスタレーションや、当時の福岡の社会問題だった放置自転車をスマートに解決するプロジェクトも実行した。

「オピニオンリーダーの人たちに同意してもらって、自転車に『NO』というシールを貼らせてもらったんです。これは『ぼくは放置自転車をしないよ』というメッセージになるわけです。そうするとみんな『かわいいし、いいね』って貼ってくれたんですよ。押し付けがましくなく、自然にポジティブに意識が伝搬していく仕組みをつくったんです」

デザインがどう社会と関わっていくかをデザインする。青木さんは自然と「デザインのまわり」について考えて仕事をしていたのだと思う。東京に呼び戻されて半年後、家具店を退職。その後、DESIGNTIDE TOKYOの実行委員長に抜擢された。当時二十七歳。五〇〇〇人の前でスピーチするなど、わからないことだらけだった。

「そのときに一気に度胸がついたというか。協賛も自分でとらなきゃいけない、プランニングもすべてやらなきゃいけない、人もどうやって差配するか考えなきゃいけない」

青木さんは、自分の仕事のことを「クリエイティブ産業の潤滑油」だと話す。クリエイティブ産業には、あらゆるモノやコトを創造し、その価値を伝え届けることが求められている。けれども、それが届いていないことも多い。そんな状況に一石を投じるために青木さんたちがはじめたのが「DESIGNART」というプロジェクト。どういうものか青木さんに聞くと、次のように答えてくれた。

「これまでも年に一回のデザインイベントはあったんですが、DESIGNARTで実現したいことは産業化ですよ」

産業化？

「たとえば、今までは展示されているものって見るだけだったんですよ。見るだけだから、自分とは関係ないものだった。でもそれが買えるとしたらどうだろう。参加している人も、当事者になるようなことが起きると思うんです。なんというか……買おうと思えば買えるということがわかると、ものに対する集中の度合いが変わってくる」

アートというと、今までは「見るもの」と考えている人が多かったかもしれない。アートは美術館で見るものであり、自分の日常とは関係ないもの。DESIGNARTでは、青木さんは街のあちこちで展示し、すべてのものに値段をつけようと考えた。さらに「見るもの」から「買えるもの」にするため、ローンまで一緒に提案する。展示されているだけでなく、自分でも買える方法が用意されていたらどうだろう。アートやデザインは身近なものになっていくんじゃないか。

分断していたものをつなげる。つなげるということは、今まで行動していなかった人が動き出すきっかけをつくることなのかもしれない。

「リノベーションスクール」もまさにそういう実践型の機会だと思う。スクール、という名前だから受け身のイメージもあるけど、そんなことはない。ひと言で言えば「熱狂するまちづくり」。全国から集まった有志たちが数日間、空室の目立つ街に滞在しながら、遊休不動産（企業活動にほとんど使用されていない不動産）の活用案を提案する。単にリノベーションするのではなく、事業プランを企画し、実現するところまでを目指す。

ユニットごとに対象物件を受け持って、三泊四日の間、頭を絞りながら、ときには不眠不休で作業する。そんな過酷な時間が続くのに、ユニットをサポートするユニットマスターたちは「まちにダイブせよ！」とユニットメンバーたちを鼓舞して、酔い潰れるまで街を飲み歩く。焼肉屋に行き、寿司を食べ、最後にラーメンで〆なのかと思ったらカラオケに。でもそうやって、街のことを深く理解していく。スナックのママの話から事業アイデアを思いつくなんてこともある。

そんな濃密な時間のあと、いよいよ最終日に。対象物件のオーナーたちや観客も見守るなか、自分たちのプランをプレゼンする。そのときにユニットメンバーからは「この事業に自分が投資する」という者が現れることもある。オーナーからすると、頼んだわけでもないのに、所有している不動産に可能性を感じる事業アイデアが提案され、資金まで出すと言われる。オーナーも街の関係者も熱狂に巻き込まれていく。

こんなふうにして事業が生まれていくから「スクール」ではなく「まちづくり」。さらに言えば、単に「リノベーション」するのではなく、「事業や雇用の創出」を目的としている。このリノベーションスクールを運営している嶋田洋平さんは、もともと建築畑を歩んできた方。建築設計事務所「みかんぐみ」から独立したあと、「らいおん建築事務所」を設立する一方で、仕事はまちづくりや事業開発に広がり、自らパン屋まではじめている。そんな嶋田さんが新築からリノベーションに仕事の幅を広げて、さらに自分でも事業をつくったり、リノベーションスクールを開催したりしようと考えたのはなぜなんだろう。あるとき、嶋田さんは次のようなことを話していた。

「独立することを決めて、社会をもう一度見たら全然変わっていたの。もう新築をバンバン建てる時代じゃなかった。夢中で目の前の仕事と向き合っていたから、社会のことを見ていなかったんだよね。独立しても、ぼくのところに新しい家の設計依頼なんてこない。でもリノベーションの仕事が少しずつ増えているのは感じていた。状況を読み取りながら、何もないところに建築するということは、実はビジネスを組み立てるのにめちゃめちゃ似ていて。そういう意味で建築家って最強かもしれない。でも今までの設計事務所の能力を発揮できるフィールドは少なくなっている。要するに今までのやり方に執着していたら、食えないわけですよ」

建築の道に進む人は、デザインができるし、構造計算もするから数字にも強い。プレゼンする機会もたくさんある。建築出身の人たちが、さらに建築の外側に広がっていくことは自然なことだと思う。そんなときに建築家には、どんな役割が求められているのだろう。これまでの役割も残っていくなか、自らが大家になって建築し、そこで自分たちで事業をはじめる人も増えていくように思う。こんなふうにすべてを自分たちでやってみる、という人もいる一方で、みんなで一緒に場所をつくる、という人も増えていくんじゃないか。そのときの建築家の役割は先導者であり、ファシリテーターのようなものになる。役割が変化していくのは建築家だけではなくて、いろんな職業に当てはまる話だと思う。

V 森になる

自分の映画館をつくれるサービス「ｐｏｐｃｏｒｎ」のこと

「間の人」

人の話を聞いていると、その人が一本の木のように感じられる。もっと注意していると、そのまわりにたくさんの木が生えていて、まるで森のようにつながり、広がっていることがわかる。人はみんなひとりで生きているわけではなく、関係性のなかに生きている。とくにインターネットが登場したことによって、人の関係性はより複雑になっていったように思う。複雑な生態系は、お互いに補完しながら支えあうように成り立っている。

「ソーシャル」とか「コミュニティ」という言葉がもてはやされている一方で、それに違和感をおぼえる人たちもいる。ぼくも注意して、その言葉を使っているのは、きっとそれが目的になるような文脈で使われがちだからなんだと思う。たとえばソーシャルをデザインするとか、コミュニティをつくるとか。そこに提供する人がいて、一方には受け取る人たちがいて、明確に線が引かれている状態。でもぼくが好きなのは、ソーシャルとかコミュニティみたいなものが、自然に生まれて存在しているところ。

好きなバーというのも、まさにそういう場所。お客さん同士がまったく知らないバーよりも、お互いにゆるやかな距離感を保ちながら、自然とつながっている場所のほうがいい。顔を出したら、知っている顔が何人もいる。自然と会話がはじまって、お酒も進む。もし新しいお客さんが来て、カウンター席がいっぱいなら「もういくから、ここいいよ」と言って、気を遣わせないように席をゆずる。なぜそんなことをするのかと言えば、この場所の存続を願っているから。行きつけのバーがなくなるのは寂しいこと。

だから、みんなお店がずっと続いていくように応援する。「今週、全然お客さんが来ないのよ」と言われれば「もう一杯飲むか」ということになるし、逆にお客さんでいっぱいなら「出直してまたあとで来よう」ということになる。お客さんのようでいて、完全に客とも言い切れない。でもお店の人とも違う。客と店には明確な線が引かれているわけではなく、その間が存在している。

「しごとバー」にも間の人が存在している。会話が止まったら発言してくれたり、質問が多いときは我慢してくれたり。みんなが「?」となったら代わりに質問してくれることもあるし、会話が行き詰まったらわざと反対の意見を話してくれる人もいる。

究極の映画の紹介とは何か

提供する人と、それを受け取る人、というように、明確に役割が分担されているよりも、フラットでゆるやかな関係性があるからこそ心地よい。それに一緒につくりあげていくのが楽しい。誰もが自分の映画館をつくることができるサービス「popcorn」も、一緒につくりあげる楽しさがあるものだと思う。

popcornは二〇一七年七月にぼくたちが立ち上げたプロジェクト。共同代表の大高健志は映画を愛する人間で、外資系コンサルティング会社に勤めたあと、強い映画愛のため、芸大で学び直した異色の経歴の持ち主。クリエイティブ領域、とくに映画に強いクラウドファンディングサービスである「MotionGallery」を運営している。popcornが生まれたのは、二〇一六年ごろ、清澄白河のリトルトーキョー三階で日本仕事百貨の採用の面談をしているときだった。

「本当にやりたいことは何ですか？」

そんな質問を、目の前で向かい合って座っている男性に投げかけた。名前はMさん。

ぼくは面談のときに、よくこういう質問をする。今回の募集がなかったとしたら、本当にやりたいことは何ですか、というように。揚げ足を取るわけではなくて、本当にやりたいことを通して、相手のことを知ることができると思っている。本当にしたいこと、募集している仕事の重なる部分が見つかるかもしれないし、さまざまな仕事を知っているから「こんな仕事もありますよ」と紹介することもできる。面談というよりは、一緒に相手の仕事を考える時間なのかもしれない。

少し困惑しながらも、Mさんはこう答えた。

「映画を仕事にしたいです」

Mさんは映画の勉強をしてきた方。日本仕事百貨で映画をつくっても面白いかもしれないし、映像関係の仕事を紹介することがあってもいい。そこでMさんに「映画や映像をつくるのはどうですか?」と聞いてみる。ところが「映画はつくりたくない」とのことだった。それならどんなふうに映画と関わることができるのだろう。しばらく二人で考えてみる。すると「映画を紹介したい」という言葉が返ってきた。映画の批評家?もしくは映画のメディアをつくるとか? いろんなことを想像しながら、究極の映画の紹介とは何かを考える。

二人で話しながら思いついたのが「自分の映画館をつくる」というものだった。自分が観てもらいたい映画を上映することができれば、それこそ究極の映画の紹介なんじゃないか。ところが映画館をつくることは簡単なことではない。今、日本の映画館のスクリーン数は増えているらしい。ただ、それはシネコンが増えているから。ミニシアターや名画座など、単館系の映画館は減っている。

たしかに地方へ行くと「この街にも昔は映画館がいくつもあった」という話をよく聞く。都内でさえ、大好きだったミニシアターがなくなってしまうご時世。個人で映画館をつくることは難しい。以前、地方出張のときにある映画館を訪れたら、一〇〇人以上は座れる館内に二、三人しかいなかったことがあった。これでは続けていくことは難しい。ほかにやり方はないのだろうか。

ミニカルチャーコンプレックス

映画館というものは席が固定されているという構造上、ほかの用途として利用することが難しい。フレキシブルに変えることができる空間なら、いろんなことをしながらときどき映画を上映することもできるんじゃないか。たとえば、普段はカフェなどを運営しながら、ときどき自分の好きな映画を上映する。さらに、マルシェを開催したり、ライブをしたり、ヨガ教室やワークショップもできるかもしれない。いろんな形で利用できれば、全体として維持継続できるんじゃないか。純粋な映画館も大好きだけど、もっと多様な鑑賞体験があってもいい。

人が少なくなっていく地方では、人が集まれる場所が求められている。人口密度が低くなれば、それだけ人と出会う機会は減っていく。そんな環境のなかで「そこに行けば誰かがいる」という場所をつくることは大切なことだと思う。つまり、機能を集約した場所、小さな複合文化施設、言うなればミニカルチャーコンプレックスみたいなものをつくるのはどうだろう。「今日は何をやっているのかな?」とふらりと訪れてみる。映画の上映をしていたら「今夜は映画でも観るか」というように、普段映画をあまり観ない人にも鑑賞する機会が生まれるかもしれない。

ミニカルチャーコンプレックスはどれくらいの場所なら成立するのだろう。一軒のコンビニの商圏は三〇〇〇人ほどと聞いたことがある。それと同じくらいの場所ならミニカルチャーコンプレックスも実現できるんじゃないか。コンビニのような機能もあってもいいし、それだけでは大手に対抗できないから、そこにしかないものもあるといい。大手が仕組みをどんどん洗練させていくなら、ミニカルチャーコンプレックスは人で勝負する。

たとえば、食事は地域の方たちの手づくりで提供し、そこでしか買えないものを店頭に並べる。あとは小さな本屋もあっていいし、公共図書館と合体させてもいい。道の駅と一緒でもいいかもしれないし、役場がとなりにあってもいい。さらに人が会話できる場所として、昼は喫茶店、夜はバーやスナックのような、カウンター席のある場所をつくるのもいい。ここですべての会計を済ませることができるならば、みんなこの場所に集まるだろうし、人手も少なくて済む。学童保育やコワーキング用のスペースなども併設してもいいかもしれない。

さらに場所を一方的に提供するのではなくて、いろんな人が参加することで、維持されていく形がいいんじゃないか。そんなミニカルチャーコンプレックスの機能の一つに、映画を観るというものがあったらとても面白い。

自主上映会という可能性

面談をしている間、いろんなアイデアが生まれた。会話しながら、一緒に思考している時間はとても楽しい。それに面談相手がどういう考え方をしているのかもだんだんわかってくる。究極の映画の紹介は映画を上映すること。本格的な映画館をつくる必要はない。ときどき映画の上映をして、ほかにもいろいろなことができる場所をつくる。そんなことを考えて調べていると、映画館をつくらなくても映画を上映できる仕組みがあることがわかった。それは「自主上映会」というもので、これなら合法的に上映することもできるようだ。

ところが、この自主上映会というものも、簡単ではないことがわかった。まず権利関係が複雑なこと。上映したい映画があっても、どこに問い合わせをしたらいいかわかりにくいし、映画によってその窓口はバラバラ。調べても誰が権利を持っているのかよくわからないこともある。

さらに費用が高くて上映するのが難しいことも。数万円で上映できるものもあれば、数十万かかるものもある。調べてみると、一回上映するごとに一〇万円くらいかかることを覚悟しなければいけない。もし一回の上映が一〇万円だとすれば、映画館と同じ一八〇〇円の入場料を設定したとしても、単純計算して五六人集客して、やっと上映料をまかなうことができる。逆にいえば、そこまで集客できなければ赤字だし、もっと小さなキャパシティならば、はじめから赤字覚悟で上映しなければいけない。

もちろん、一〇〇人以上の上映会であれば運営可能だけど、イメージしているのは定員が二〇~三〇人ほどの場所だった。なんだ、やっぱり映画を上映することは難しいのか。でも自分が映画の権利を持っている立場だったら、上映会のたびにディスクを送付する手間もあるだろうし、そもそもの映画の価値を考えれば、一〇万円という費用は高いわけではない。

でもあきらめる前にもっとできることがある気がした。こんなにインターネットで便利になったのだから、もっと気軽に上映ができるようにならないのか。たとえば、ディスクの送付の手間があるのならば、インターネット経由でデータをやり取りする仕組みをつくればいいんじゃないか。そうすれば権利者の手間も省ける。

さらにインターネットを活用することで、上映会に参加する人数を把握できるようにして、参加者数に応じて手数料が発生する仕組みをつくれないだろうか。もし一人しか参加者がいなくても、一人分の手数料でいいならリスクは低くなるから、もっと多くの人が自主上映会を開催しようと思うはず。

こういうサービスをつくることができたら、Mさんにとって魅力的で新しい仕事をつくることができるかもしれない。結局、Mさんは日本仕事百貨で働くことはなかったけれど、今は別の形で映画を紹介する仕事をしている。

アイコンタクトがちょうどいい

面談が終了してからも、いろんなことが頭のなかからあふれてくる。インターネットの時代になって、リアルな場所の役割は変化している。たとえば、ハロウィン。もともと仮装する人はそれほど多くなかった。それが次第に増えていき、日本独自の形にまで発展した。なぜなのだろう。コスプレ文化が成熟してきた、ということもあるだろうけど、もっと別の理由があるのかもしれない。

ほかにも一緒に走ったり、料理したり、一人でもできることをわざわざ集まって楽しむ人が増えているように思う。これってどういうことなんだろう？　ふと、このようなイベントに参加するある大学生の言葉を思い出した。彼女は誰かと深く会話したりすることは苦手だけど、大勢の人と同じ格好をして参加するイベントは好きなんだそう。それなら会話しなくても参加している実感があるし、参加者同士で、目と目を合わせて、アイコンタクトするくらいがちょうどいいらしい。

つまり、物理的な空間において求められていることは、まずは簡単なアイコンタクト。インターネットでは簡単に友だちになることができるし、情報を検索したり共有したりすることもできるようになった。映画だって、簡単にインターネットで観ることができる。だからこそ、リアルな空間でしかできない体験が求められている。

人はミラーニューロンという神経細胞を持っていて、それによって、ほかの人が行動しているのを見ると、まるで自分が行動しているように感じられるらしい。たしかに誰かが悲しんでいたり、喜んでいたりすると、自分のことのように感じることがある。こういうことは相手の姿が見える、リアルな空間でこそ起きやすいはず。ところが実際にはリアルな空間では、日々多くの知らない人と行き交うことはあっても、何かを共有することは少ない。

実際、道端で知らない人に話しかけたりすることはほとんどない。でも何かしらの共通項があればどうだろう。たとえば、ハロウィンのときのように仮装している同士だったら。同じチームを応援する者同士、一緒にスタジアムで観戦していたら。そんな共通項があったり、同じ目的を持っていたりするなら、何かを共有しているようで話しかけやすくなる。同じ空間で目的を共にした人同士が、簡単なアイコンタクトをする状況をつくることこそが、インターネット社会における、リアルな世界での価値なんじゃないか。それはつまり「人と人の関わり」を生むこと。

それならば映画のリアルは何だろう？　それは映画館ということになる。けれども映画館ではアイコンタクトがなかなか起きにくい。むしろ起こすことがマナー違反になる。上映中は静かにしないといけないし、となりの人が携帯電話を見たり、音を立てながらスナック菓子を食べたりしたらイライラしてしまう。映画を観ているときは、ほかの人の存在はなくなるように意識する。映画の上映が終わったあとも、ものすごく感動したとしてもとなりの人に話しかけることもない。つまり同じ映画を観ている人同士というだけでは、アイコンタクトは起きにくい。

自主上映会では、それを乗り越えることがある。そのひとつに、「ねぶくろシネマ」

というイベントがある。たとえば満月の夜に多摩川の河川敷にある高架下で寝袋に包まりながら映画『E.T.』を鑑賞するというもの。まわりには屋台が並んでいて、みんなでワイワイ観ることができる。高架をときどき電車が通るので、子どもが騒いでも、親はそこまでひやっとすることもない。そういう雰囲気だからこそ、一体感が生まれて、アイコンタクトも生まれやすくなる。

映画を観たあとに、その映画に出てきた食事を再現したものを一緒に食べるのもいいし、ロケ地で上映会を開催するのもいいと思う。自主上映会だからこそ、アイコンタクトは起きやすいんじゃないか。

家で観るのとも映画館で観るのとも違う体験

なるほど、自主上映会というものはインターネット社会になったからこそ求められているのかもしれない。けれども、ぼくには圧倒的に映画業界の知識が足りない。どうしたらいいか考えていたら、クラウドファンディングサイト「MotionGallery」を運営している大高のことを思い出した。彼なら映画業界にも詳しいから、どうすれば実現できるかわかるかもしれない。面談が終わってから一時間も経たないうちに、大高に電話した。

そこでもっと誰もが気軽に自主上映会を実現できるサービスのアイデアを話したところ「とても難しいけどやってみよう」ということになった。さらに「映画の寿命を延ばすことになるかもしれない」とも言っていた。

たとえば、ミニシアターで上映されるような作品は上映初日でうまく集客できないと、途中で打ち切られてしまうこともある。そういう映画ほど、気がついたときには上映がすでに終わってしまった、ということもあるし、地方だったらそもそも鑑賞できる映画館もないかもしれない。だから、自主上映会がもっと増えれば、こういった映画の寿命を延ばしたり、鑑賞機会を増やしたりできるかもしれない。

その日から二年弱して、誰もが自分の映画館をつくることができるpopcornは本格スタートすることになる。映画はすべてストリーミング再生することで、ディスクを送付する手間を省くことができる。映画の権利者は一度データをpopcornにあずければ、その後は自主上映に関して管理する手間がほとんど必要なくなる上に、手数料収入を得ることができる。

またインターネット上で鑑賞チケットを購入する仕組みにしたので、参加者数も把握できるようになった。そして入場者数に応じて費用が発生する仕組みにすることができたので、上映する人も入場者数を心配することなく、上映会を開催することができるようになった。もし一人しか入場者がいなくても赤字になることはない。
たとえば、一人当たり九〇〇円の手数料が発生する映画を上映したとして、入場料を一五〇〇円とするならば、三〇人しか入場者がいなかったとしても、赤字になるどころか上映者には一万八〇〇〇円の収入が生まれることになる。これなら小規模な上映会でも開催できるようになる。映画館のなくなった地域でも、上映が終了してしまった映画でも、安定したインターネット環境があり、プロジェクターやスクリーン、それに音響設備やパソコンがあれば上映できる。

サービスがスタートしてまもないころ、こんな感想をいただいたことがあった。

「家でひとりで観るのとも映画館で観るのとも違う体験だった。ひとりで観るときは自分しかいないし、映画館で観るときは他人の存在を消すことが強制されているように感じる。popcorn はまず人があって、その空気のなかで一緒に観るもの。人の存在を感じられる場だと思う」

みんなでつくっていく

みんなでつくっていく面白さ。それをはじめて感じたのは、杉並区・荻窪のブックカフェ「6次元」だった。もともとテレビ局のディレクターをしていたナカムラクニオさんに、オープンした当時のことをうかがったことがあった。

「6次元はもともと『梵天』っていう伝説的なジャズバーで、そのあとは『ひなぎく』という有名なカフェだったんですよ。たまたまそれがなくなると聞いたので行ってみたら、素晴らしくて。ちょうど来月で閉めちゃうという話を聞いたから、その場で借りますよ、って話したんです。そのときにイメージしていたのは、十年後くらいには、自分のやりたいことだけをやって生計を立てていたいなということ。ディレクター時代は、視聴率も取れなかったので、ずっと低空飛行だった印象があって。自分が好きなことをやっていきたいなと思っていたんです」

「会社員だったので、次の日に会社に相談して、契約社員にしてもらって。ほかにも入居したいライバルが多かったんですけど、ぼくは改装せずにそのまま保存するからぜひ貸してほしいと話したら、入居することができたんです。お店をはじめてからは、人件費もかかるし返済もあって大変でした。こういうのは人気が出るだろうと思って、外国の珍しいビールとか、阿寒湖からザリガニのスープを取り寄せたりしてメニューに出したんです。でもそういうメニューは全然人気がなくて、『コーヒーください』とか言われちゃって。お客さんで働きたいという子が出てきて『カレー、つくります』って言うので、日替わりでカレーをはじめたらお客さんが一気に増えたりしたんです。いろんなことをお客さんから学びましたね。すべてお客さんがやってくれたんですよ。プランみたいなのがほとんどなくて」

「読書会は衝撃だったんです。これも、はじめは頼まれたんですよ。読書会やりたいんです、って言われて、よくわからなかったんですけど。うちだと今は五〇〇〇円くらい参加費をいただくんです。三〇人集まると一五万円になる。五〇〇円のコーヒーを一杯ずつ淹《い》れると、一カ月くらいかかってしまう金額です。読書会を頻繁にやるようになったら村上春樹さんの読書会も多くなって、ハルキストが集まるお店みたいにマスコミに紹介されるようにもなっていきました。ノーベル文学賞の発表の日なんかはお店に中継車まで来るし。そういうのもなんか面白いなと思うんですよね。あとよくやっているのが、編集者を集めて編集会議をして、アイデアを集めて本をつくる、ということ。編集する塾でありながら、実際に出版もするんです。プロセスを見せながら、それを共有してイベント化していくんです。それは自分のためにもなる。6次元は平面的なものを、立体化していく活動なんです。どんな有名な人でも、トークをする、サイン会をするだけでは人が集まらない。一方でそんなに有名じゃないけど、一部で熱狂的なファンがいる人もいる。そういう人がゲストのほうがよかったりするんですよね」

「あとはイベントが終わったあと、しばらく場所を開放していたこともよくありました。するとみんな残って会話を楽しんでくれる。終わったらすぐに『はい、終わりです』ってしてしまうと余韻が残らないから。余韻を残しながら、タイミングを見計らいながら終わらせることは大切ですね。最近は終わったあとだと自分も疲れちゃうから、はじめる前に参加者と会話することも多いです。あとは思いついたイベントのアイデアがあれば、まずTwitterで投げかけてみる。そうすると『ぜひやってください』という声がたくさん集まることもあって、だいたい反響がわかるんです。あとイベントをやりたい人がいたら、その場で日時を決めて、積極的に受け入れることもあります。断らないでやってみる、というのも、方法として面白いんです。自分が苦手な人ほど、こちらから声をかけるようにもしています。そういうのも大事なんですよね」

「みんなに自慢したくなる、というのも大切ですよね。たとえば、金継《きんつ》ぎのイベントもやっているんですけど、みんなSNSにあげるから、どんどん広がっていくんですよ。参加したことを誰かに話したくなるのも同じ。そうするとうまくいきますね。あとはおまけがあったり。よく遅刻してくるゲストの方がいるんです。でも参加者にアンパンをあげたり、絵を描いてくれたりするんですよね。そうすると参加者たちは、すごく得した感じがするし、自慢したくなったり、応援したくなったりする。一緒に何かをつくるときも、相手の意見を取り込んでみる。それって、相手に余白を残していくということなんです。昔は憧れで行動することが多かったんですけど、今は響く感じ、共鳴する感じが大切だと思います。すでにあるものを提供するのではなく、一緒につくること。みんなでつくる時代なんです」

快楽サステナブル

みんなで一緒につくっていくときに大切なのは、フェアであること。「東京R不動産」を運営するSPEAC代表の林厚見《あつみ》さんはとてもフェアな人だと思う。異なる意見があっても、どちらも理解しようと考えるし、白か黒かという考え方じゃない。バランスをとっているからこそ、まわりにたくさんの人が集まってくるのかもしれない。林さんは仕事百貨がはじまる前からお世話になっている方。林さんがいなかったら、仕事百貨は生まれていなかったかもしれない。そんな林さんのブログのタイトルは「快楽サステナブル」。林さんはこのタイトルの意味をブログ内で次のように説明している。

「ぼくの基本的な拠りどころというか、結局こんな感じだなと。快く(=気持ちよく)、楽しく、それが持続的であること。自分もそうだし、周りも、世の中も、はたまた動物や自然も、みんな全体として、そうだったらいいじゃん、と思うわけです。快く楽しい、は人によってその中身や基準は違うし、同じ人でも変わっていくんだけど、今はぼくが思うそれを自分なりに追求していけばいいと思ってます。長い目で見て総じて快楽持続的であるようにするということ」

ちょうど林さんと一緒に新島に滞在していたので、この快楽サステナブルという言葉をキーワードに、どんなことを考えているか聞いてみることにした。場所は「HOSTEL NABLA」というゲストハウス。一階のカフェに行って、林さんはホットコーヒー、ぼくはアイスカフェラテを頼んで、席に座った。さてさて。この「快楽サステナブル」ってどういうことなんでしょう。

「個人のブログをはじめようと思ってタイトルを考えたら、こういうタイトルになって。究極を考えていったら、みんなが気持ち良くて、楽しければいいじゃん。とはいえ、快楽という言葉だけだと一見怪しくもある。必要なことは、自分のなかでは長期最適なので」

長期最適。

「そう。その場その場の『快』や『楽』をつくるのではなくて、それが続いていく状態をどうデザインするか、を考える。快楽をつくるのではないの。快楽が続くような状態をどうデザインするか、みたいなことがトップ命題だから。これは著書の『だから、僕らはこの働き方を選んだ』でも書いているんだけど、ビジョン、自由、旅、寿司、仲間という五つの言葉があって。自分にとっては、この五つがうまくバランスできたら快楽サステナブルだし、長期最適だと思っているの。たとえば、ビジョンというのは仕事のテーマであり、自分たちにとっては、愛着ある楽しい空間を増やしていくこと。自由というのは、やりたいと思ったことがやれる自由がある状態。そして、旅ができる人生であること。寿司はお金のバロメーターで、自家用ジェット機はいらないけど、うまい寿司を遠慮なく食べられるだけの経済力は持ちたいという考え方。仲間は、価値観を共有できる同志や家族とともにいること。これらがすべてパラレルであるということが大事で、こっちを求めてあっちがなくならないように、うまくバランスをとるように気を遣っている。自分の快楽が続く状態を考えたときに、この五つのうち、どれかひとつを大きく犠牲にするものだったら、それは間違ったチョイスなんじゃないか。そうやって判断することがひとつの目安になっている。たとえば、ビジョンは大企業に入ってたくさん資金調達できたら、一気に実現できるかもしれない。それでうまくいったら寿司もたくさん食べることができるかもしれないけど、自由を失ってしまうかもしれない。でもこうやってバランスをとっていると、尖《とが》りが失われることもある。俺はひたすら自由を求めて世界を旅するんだ、お金なんてなくていい、みたいにならないわけだから」

そっちのほうが尖っていて、なんだかかっこよくはあります。

「そう、かっこいい。だけどぼくは、そもそもそんなに尖った感性の人間じゃないと思っているし、他の人から見てかっこいいことを求めているわけじゃない。だから自分にとって快楽持続的であるように考えると、先の五つのキーワードが並ぶことになる」

林さんはロジカルに考えることもできるし、情緒的なものやクリエイティブなこともわかる人だと思う。たとえば、「下北沢ケージ」は鉄道高架下のオープンスペースを暫定活用したプロジェクト。イベントやパフォーマンス等が行われるオープンスペースは、日中は街の公園として開かれ、夜は併設の飲食店舗の屋外客席も兼ねる。鉄道会社という公共的な会社を相手にしながら、とても柔らかくてクリエイティブな企画を論理的に説明し、形にすることができる。

林さんって、人や価値観を橋渡しできる人だと思うんですけど、それはどうでしょう?

「そう在りたいとは思っているけどね。まず自分が楽しく生きることが基本だから。ただ、それがあった上で、いろんな人のことも考えられたほうが絶対幸せだよね。でも世の中は不思議で、あっちかこっち、どちらか、という議論が多い」

たしかに右か左か、というようなことって多い。そのなかで自分の意見を押し付けたり、ポジショントークをしてしまったりすることもある。

「間に答えがあると思っているので。多様な意見を共存させようという方向でコンセンサスをとって、そこからさらにいい答えをつくろうとすることがわりと多い。強度のあるデザインを生み出すためにはみんなの考えを民主的に集約したらアカンということはもちろんあるけど」

たしかにすべての意見をいれようとすると、折衷案で骨抜きになってしまうかもしれない。

「そう。だから見極めは慎重にしているけど、自分はフェアであるか、ということにこだわっているから。もちろん、フェアにこだわって考えていくと、自分の想像していた答えとは違うな、ということもあるんだけど、それが正しい答えってこと」

自分のなかの〝快楽〟から描いていったものが、必ずしも社会全体で考えたらフェアではないこともある。

「たとえば、建物をつくるとき、自分は本当なら路地的なものが好きなの。でも、この事業の採算で考えたら、残念ながらこの駅前は大手カラオケチェーンを入れるのがいい、という場面もある。それなのに自分の思いだけを押し付けるように、駅前に路地的空間を残すほうがいいでしょ！　みたいな議論をすることはあまり好きではない。それだったら駅前はあきらめて、旧市街をどうするか考えることで、豊かさを全体として考えようぜ、っていうほうが建設的でしょ。政治の力学もマーケットの力学も、現実は現実。でも文化論や感情論だってあるわけだから。それなのに偏った議論を戦わせる風潮があるのは不思議でしょうがない。アートもクリエイティブも経済のロジックも、併せ持った上で長期全体最適していくように社会システムを整えて、議論のフォーマットも進化させていきたい」

たしかに世の中は、短期最適や、部分最適なものが多いように思う。とくに公共の分野では、ただただクレームがでないことを優先したり、深く思考せずに多数決で決めてしまったり。平和的に解決をするために、二つのアイデアを単純に足し算することで、もともとあった良さが失われてしまうこともある。みんなで一緒にやっていくことで、足して割るよりも斜め上の価値を創造していくこと、全体最適を目指していくことができるんじゃないか。

どうしたらいろいろな価値観があることを実感として理解できるんでしょう？　そこがスタートだと思うんです。

「おすすめは、自分のタイプとは超反対のコミュニティに三年くらいいるというもの。普通は自分がすでにいる場所のなかで選ぼうとするじゃない」

選択する以前に、そこしか知らない人も多いんじゃないですか？

「知らないんじゃなくてビビるんだよ。だから、他者に憧れる姿勢、異物をリスペクトするマインドセットが必要だと思う」

相手をリスペクトする。相手に好奇心を持つ。そうするといろいろな価値観が自分のものになる。他者を理解できたほうがきっと楽しい。全体を知ることができれば、長期最適していくし、快楽はサステナブルなものになっていく。

どうしてうまくいかないのだろう。はじめる前は七〇点くらいにできそうだと思っていたら、三〇点くらいかもしれない。リトルトーキョーのカウンター席に座りながら考える。リトルトーキョーは東京・清澄白河にある、現在の日本仕事百貨の拠点。一階が飲食スペースになっていて、上のほうがオフィスやフリースペースになっている。一階にはカウンター席があって、そのまわりをソファ席が囲んでいる。ソファ席には女の子三人が集まって話をしているほか、パソコンに向かっている若い男性もいる。カウンター席のとなりでは常連さんがワイワイ飲んでいて、反対側には「しごとバー」に参加されたお客さんたちも座っている。くだらない話もするし、夜遅くまでずっと真面目に話していることもある。自分の近所にあったらいいな、と感じる店になってきたと思う。

それにしても、どうしてうまくいかないのだろう。うまくいかないのは、誰もが自分の映画館をつくることのできるサービス「popcorn」。とても夢のあるプロジェクトだけど、サービスを開始して一年経った現在、まだまだうまくいっているとは言い難い。popcornを通して映画を鑑賞する人は、月に数百人ほど。popcorn側に入る手数料収入は入場者一人当たり三〇〇円なので、五〇〇人だとしても一五万円ほど。固定費は最低でも三五万円ほどかかるし、最初に投資した部分を回収するどころか赤字だから、共同代表の大高もぼくも報酬ゼロで働いている。映画の権利者のみなさんにもまだまだ多くの上映料をお支払いできているとは言えない。上映館の数は二〇〇を超えたし、会員数も四〇〇〇人になったけど、上映会の数は月に四〇件弱というところ。これが一〇〇〇館にまで増えたら、なんとか運営できるだろうし、新しい投資もできるようになるんじゃないか。

もちろん、すべてが悲観的なわけではない。毎日のように上映を検討している方からご連絡をいただけているし、大高が担当している上映作品集めも一〇〇タイトルを超えた。なんとかして、持続可能な事業にしていきたいけど、まだまだどうしたらいいかわからない。ただ、どうやったらうまくいくのか、ついつい考えている自分に気がつくことがある。

どんなこともまずやってみないとわからない。やってみるからわかることがあるし、そこからチューニングしていくことでより良くなっていく。チューニングをし続けると、センスも磨かれていく。仕事をつくることは、座学で勉強できるものではない気がする。スポーツと同じように、身体を動かしてみるとわかる「感覚」みたいなものに近い。まずやってみて、チューニングした経験があると、次にはじめるときは五〇点、その次は七〇点くらいからはじめることができるようになる。

まずやってみる。そしてラジオのつまみを微調整するようにいい音がするところを探っていく。そういう仕事は楽しい。なぜならチューニングのヒントはいろんなところに落ちているから。休みのときに出会うこともあるし、別の仕事で見つけることもある。新しいアイデアが思いついたら、すぐに試してみたくなる。仕事をしているときも、そうでないときも、自分の時間であるという感覚。誰かに強制されたわけではないから、労働をしているという感じもしない。

ふと同じようなことを感じたことがあることを思い出した。

その日は新幹線に乗って京都に向かっていた。窓の外を見ると、すでに小田原駅を越えて伊豆半島に差し掛かっている。熱海駅を過ぎて、左手に初島を確認すると、新幹線は長いトンネルに入っていく。そこから二時間ほどで京都駅に到着。地下鉄で北大路駅へ向かう。お盆前の夏真っ盛り。地上に出ると、日陰じゃない場所に長時間立っていることはできないくらいだった。

でも京都にやってきたのだし、時間にも余裕があったので、街並みを楽しむためにゆっくり歩いていくことにした。タクシー乗り場の日陰でおじさんたちが腰をかけて休んでいる。古い町家に寺院。東西南北に伸びる道路。あらためていろいろなところを訪れることができる仕事はいいものだなと思う。それに、取材でいろいろな生き方・働き方をしている人の話を聞くことも素晴らしいこと。毎回、本を一冊読むような体験になる。

大徳寺の手前を曲がったところに「横田株式会社」の紫野工場がある。横田株式会社とは、あの「だるま糸」で有名な会社だ。どの家の裁縫箱にもあるようなものだし、家庭科の授業でも馴染みがあるかもしれない。横田株式会社の創業者、横田長左衛門が糸の製造と行商をはじめたのが一九〇一年のこと。「価格は一時、品質は永遠」という信念を持って、最高級品にのみダルマのマークをつけた。この工場では糸の染色を行っており、今回はここで働く人の求人の募集だった。

工場のなかからは機械が動く音が聞こえる。入口に入って声をかけると、奥のほうからいらっしゃったのは山崎陽一工場長。それに代表の横田宗樹さんも。まずは簡単に工場のなかを案内していただいた。大きな器具がいろいろ並んでいる。まるで給食室にあるような大きな鍋。ずっと湯気を出しながら糸の束に温水をかけ続けている機械もある。近づくと、すぐにメガネが曇ってしまった。外も暑いが、なかはもっと暑い。そんな過酷な職場なのに、山崎さんの表情が穏やかなのが印象的だった。

この工場の役割は、本社からオーダーがあるたびに糸を染めること。綿はもともと自然のものだから、ただ染めればいいわけではない。油も含んでいるし、汚れてもいる。単に染めるだけではなく、まずは不純物などを取り除いて、ムラのない状態にしていくところからスタート。そのあと、いよいよ色を染めていくことになる。けれどもこれがなかなか難しい。なぜなら簡単に色が合うわけではないから。調合室にあるたくさんの染料のなかから選んで調合していく。うまく調合できたら機械にかけて染めて、たくさんの水で洗い流し、最後は乾燥させる。

じっくりと話をうかがうために山崎さんと一緒に二階の事務所へ。一階の工場とは打って変わり、エアコンが効いていて天国のようだ。ほっとした表情の山﨑さんが笑顔で話す。

「暑い現場から涼しいところに入って、とても爽やかな気持ちです。身体が動く時間になってきたので、気分も上々です」

染めたあとの糸を見せていただいたら、とても鮮やかで美しかった。山﨑さんにそれを伝えると、ちょっと聞きなれない言葉が返ってきた。

「私、色を触っているのが好きなんですよ」

色を触る？

「ものすごく変な言い方ですけども、色を混ぜて色を決めていくんです。もちろん、目的の色があって、それに合わせていくんですけど。自分の感性を使って、調整していくんです。振り返れば、小学生のころから絵の具を触っているのが好きで。たとえば黄色と青を混ぜたら緑ができちゃったとか。そんなことから楽しくなったんでしょうね」

山崎さんは京都生まれ京都育ち。手描き友禅をしている家庭に生まれた。

「いつも父母が自宅で作業をしていました。そういうこともあって、スーツを着て働くようなイメージはなかったんですね。職人になるんだろうな、って漠然と感じていたんです」

絵を描くのが好きになって、美術の学校に入学し、日本画を学ぶことになる。卒業してからは帯のデザインを仕事にした。

「昨今の西陣の不景気もあって、なかなかデザインで食べていくのも難しい世界でした。それで三十歳のときに染色のほうへ進みました」

ところが勤めていた小さな工場が連鎖倒産してしまった。当時三十八歳だった山崎さんは、ちょうど募集があったこともあり、横田株式会社へ入社することに。そして十五年ほど働いて、現在に至る。

この仕事の難しさって、どんなものなんですか。

「色合わせですね。どうやって目的の色に近づけていくか。データはあるんですよ。だけれど、染料の生産の時期やロットが変わっていると差がでたりする。それに綿そのものだって、一つひとつ土壌や環境によって変わる。自然のものですから。データ染色しているので、一回で決まることももちろんありますけど、調整も必要なんです。ただ、染色をしているのはとても楽しい」

仕事の大変なことを聞いていたら「楽しい」という言葉。色を合わせることは大変なことだけど、楽しいことでもあるという。こういうことは日本仕事百貨のインタビューではよくあること。仕事の大変なところとやりがいは紙一重なのかもしれない。

山﨑工場長に仕事の楽しい瞬間とはどういうものか、聞いてみる。

「ぶれている色を直そうとして、一回で決まるとき。これはすごい楽しい。自分の感性が合っていたんだ、って感じるんです。あとは一発で想像どおりに色がでたときとか」

色というものを独特の目線で見ているんですね。

「どうなんでしょう。たとえば色を見たときに『これはあの染料とこの染料でつくれるな』と思ってしまう。それは仕事でなくても、ただぼんやりと色を見ていても、そう思ってしまう。……たとえば、食品とか」

食品？

「大根のたくあんとか。この色いれたらつくれるなって、勝手に想像してしまうんです」

きっと山崎さんがたくあんを見つめているときは、仕事の時間ではないだろう。ちょっとした昼休みにお弁当を開けてみたらたくあんが入っている。普通だったら何も思わずに、そのたくあんを口にしてしまうだけなんだろうけど、山崎さんはその色はどうやったら再現できるかついつい考えてしまう。そのとき、山﨑さんは働いているわけじゃないけれども、働いているようにも思える。

あるシェフが話した言葉が思い浮かんだ。休日に家族の食事をつくろうとしてスーパーを訪れたときのこと。必要な食材を買っているときに、ふと見慣れない調味料が目に飛び込んできたそうだ。思わず手に取ってみる。どんな素材でできているのだろう。どんな味がするのだろう。思わず仕事に使えるかもしれないと考えてしまった。

このシェフも山﨑さんも、きっと同じなんだと思う。休んでいるときでも、思わず頭が切り替わってしまうことがある。休んでいるときも働いているのかと言えば、きっと本人たちはそうじゃないと答えるだろう。きっと働いているときも、休んでいるときも、二人とも自分の時間を過ごしているんじゃないか。

オンオフという言葉がある。ワークライフバランスという言葉もある。それらの言葉からは、仕事とそうではない時間は区別されるもの、という考え方が伝わってくる。仕事は仕事、というように。どうやったら色を再現できるか、ついつい考えてしまう山﨑さんは二十四時間働いているのかと言えば、そうではない。ちゃんと休むときは休んでいる。たとえていうならば、パソコンのスリープ状態に近いかもしれない。ほとんどの機能は停止している。けれどもボタンひとつですぐに立ち上がる。お正月にお雑煮を食べているときもきっとそうなんじゃないか。白味噌のなかに鮮やかに浮かぶにんじんを見たら、どうやったらこの色が再現できるか考えているのかもしれない。

働いているときも、休んでいるときも、自分の時間を過ごしている。どうせ働くなら、こういう仕事がしたいと思う。もちろん、ずっとそう思えるかはわからない。一年経てば変わるかもしれないし、一生同じかもしれない。popcornだってどうなるかわからないし、日本仕事百貨だってどうなっていくのだろう。今、自分がどうしたいか、問い続けていくだけだ。何か興味があることがあればやってみる。やってみてからまた考える。よければ続けるし、また新しいことに挑戦したくなるかもしれない。生きているということはそういうことなのだろう。生きている間は、すべて自分の時間なのだから。

リトルトーキョーのカウンター席は相変わらずにぎやかだ。グラスが空いたので、石見麦酒のクラフトビールを頼む。さてさて、popcornはどうしたらうまくいくのだろう。

まあ、あまり未来のことを考えてばかりいても仕方ない。そんなことを考えていたらまた常連さんがやってきた。もう今夜は飲んで、眠たくなったら寝ることにする。続きはまた明日。

登場する方々のプロフィール

トム・ヴィンセント
(Tom Vincent)
イギリス・ロンドン生まれ。株式会社トノループネットワークス代表取締役。近江商人発祥地である滋賀県蒲生郡日野町の築二四〇年の旧近江商人宅を本拠地とし、企業や政府、自治体のコンセプト戦略づくりや、ブランディング、プロモーション、メディアやコンテンツの制作などを行っている。クラフトビール会社「Hino Brewing」を日野の老舗酒屋六代目と日野在住ポーランド人ブラウマイスターと共同経営。

西村佳哲
(にしむら・よしあき)
一九六四年東京生まれ。プランニング・ディレクター、リビングワールド代表、働き方研究家。武蔵野美術大学卒。大手建設会社を経て、つくる・書く・教える、大きく三つの領域に取り組む。開発的な仕事の相談を受けることが多く、三〇代のものづくり、四〇代の場づくりに加え、五〇代以降は、建築計画やまちづくりや組織開発などの仕事が中心的。著書に『自分の仕事をつくる』(晶文社／ちくま文庫)など。最新刊は『一緒に冒険をする』(弘文堂)。

木村武史
(きむら・たけし)
一九四三年生まれ。木村硝子店代表。大学卒業後、なんでもやらせてもらえそうな丁稚奉公先を探し、大阪の小規模商店で住み込み店員として働く。倉庫担当で荷造り、出荷の仕事にはじまり、仕入れ、営業まで三年間でひととおり経験。三年間の成果として、東京商人は大阪商人がすぐ値切ると思っている、ところがこれはタダの言葉の遊び、金を払わない客に「集金に来ました」とは言わない、ただ黙って顔を出すだけでもらえる、なんてことを経験する。今でも役に立っている。

左京泰明
(さきょう・やすあき)
一九七九年福岡生まれ。特定非営利活動法人シブヤ大学代表理事。二〇〇六年シブヤ大学を設立。「シブヤの街が丸ごとキャンパス」をコンセプトに、生涯学習、まちづくり事業を行っている。また、近年は渋谷区での実践をもとに、他の地域のまちづくりに関する助言、ＮＰＯへの経営指導などにも注力している。

伊藤佐智子
(いとう・さちこ)
ファッションクリエイター。映画、演劇、そして時代の流れを象徴する広告のなかで、一枚の布からはじまるさまざまな表現を構築し提案。衣裳デザインはもとより、商品開発から空間デザインに至るまで、ジャンルを超えたコンセプチュアルワークを手がけている。舞台『キネマと恋人』（ケラリーノ・サンドロヴィッチ演出）、映画『海街diary』（是枝裕和監督）他、著書に『SARAÇA VISION』（青幻舎）など。

安井慎治
（やすい・しんじ）

建築家。二〇一四年に松本大輔と東京・北京でFESCHを結成。関わるすべての人々（Family）の生活を豊かにする新たな価値観（Evolution）を生むため、情熱（Spirit）を化学反応（Chemistry）させて誠実（Honesty）であり続けることをモットーに仲間と共に建築を中心としたさまざまな問題と日々格闘中。

赤池円
（あかいけ・まどか）

ウェブ制作とコミュニケーションのあれこれ（グラム・デザイン代表）。インターネット黎明期のITベンチャーを経て一九九八年独立。大手企業サイトの制作運営を手がけながら、非搾取的で優しく壊れない社会を目指して、環境・森林・地域・教育分野の情報発信を支援する。「私の森.jp」編集長、NPO法人森づくりフォーラム理事。

佐々木隆行
（ささき・たかゆき）

神戸のアパレル企業にて営業、企画MDを経て料理人に転身して渡仏。二〇〇五年、東京・京橋に「ラ・ボンヌ・ヌーベル」を開業。毎朝、築地市場に通い、仕入れたお魚と農家さんから直接いただく新鮮なお野菜で身体と心に優しい生きるための料理をつくっている。

風間教司
（かざま・きょうじ）

一九七五年栃木県鹿沼市出身。大学卒業後、営業職を経て一九九九年鹿沼市の自宅を自身で改装しカフェ「饗茶庵」をオープン。二〇〇六年より創業支援・チャレンジショップ事業「ネコヤド大市」を開催。その後、元連れ込み宿や商家などの廃屋をリノベーションした「日光珈琲」を展開。他、珈琲製造業、カフェ・ゲストハウスのコンサルティングや起業家育成事業など幅広く活動。

中原寛法
（なかはら・ひろのり）

生まれも育ちも本社も、岡山県井原市。株式会社ｎD代表取締役、株式会社Alternative Startup取締役、株式会社もしカ取締役、株式会社giftee共同創業者。大学院修了の翌日からフリーランス。ソーシャルギフトgiftee、Google選挙キャンペーン、ウェブマガジンgreenz.jp、地域×クラウドファンディングFAAVO、正装白Tなどに携わる。

大南信也
（おおみなみ・しんや）

一九五三年徳島県神山町生まれ。米国スタンフォード大学院修了。帰郷後、仲間とともに「住民主導のまちづくり」を実践。全国初となる道路清掃活動「アドプト・プログラム」の実施や「神山アーティスト・イン・レジデンス」などのアートプロジェクトを相次いで始動。二〇〇四年にNPO法人グリーンバレーを設立、現在は理事を務める。移住・起業支援やサテライトオフィス誘致を推進。クリエイティブに過疎化をさせる「創造的過疎」

が持論。

長島明夫

（ながしま・あきお）

一九七九年神奈川生まれ。編集者。明治大学理工学部建築学科卒業、東京工業大学大学院理工学研究科建築学専攻修士課程修了、出版社エクスナレッジ勤務を経て、二〇〇九年にフリーランスとして活動を開始、同年九月に個人雑誌『建築と日常』創刊。編書に『映画空間400選』（結城秀勇との共編、LIXIL出版）、『建築家・坂本一成の世界』（坂本一成との共著、LIXIL出版）、『建築のポートレート』（香山壽夫著、LIXIL出版）など。

広瀬琢磨

（ひろせ・たくま）

一九八〇年生まれ。株式会社ほたか代表取締役。戦後、祖父が群馬県高崎市に文具店を開業し、二〇〇六年東京の文具店である株式会社ほたかを傘下にしたことをきっかけに家業へ戻る。法人向けの事務用品販売店から、個人向けの文具小売店への転換をはかり、二〇一〇年に書くきっかけを作る文具店「カキモリ」をオープン。その後二〇一四年に、万年筆インクをオーダーできる「インクスタンド」をオープンする。

熊澤大介

（くまざわ・だいすけ）

一九七四年東京・浅草生まれ。釜浅商店四代目店主。アンティーク店「パンタグリュエル」（東京・恵比寿）、家具・カフェ「オーガニックデザイン」（東京・中目黒）を経て、東京・合羽橋の家業である釜浅商店に一九九九年入社。二〇〇四年より四代目店主に。創業一〇三年の二〇一一年に店のリブランディングを行う。良い理（ことわり）のある道具＝「良理道具」を多くの人に伝えようと、道具たちとの幸福な出会いの場を国内外で提供する。

久木誠彦

（きゅうき・まさひこ）

石川県金沢市出身。二〇〇四年に金沢市内に飲食店開業。二〇一四年にカフェ「ハム&ゴー」開業。現在石川県内に四店舗の直営店を運営。「おまめ舎」として、店舗プロデュース、業務委託、ブランディング・デザインを手がける。

松場登美

（まつば・とみ）

一九四九年三重県津市生まれ。一九九八年に株式会社石見銀山生活文化研究所を設立。「群言堂」として商品の企画、製造販売を手がけ、全国の百貨店などで展開している。現在は十三年かけて修復した武家屋敷「他郷阿部家」で、古い時代の良さを大切に、新しい価値観を提案する暮らしの場として、宿の営業も行う。

トモレッド

（有馬智明）

一九七七年生まれ。一九九九年に月光荘創始者である「雨柊《あめしゅう》」と出会い、二〇〇一年から月光荘の若頭として参加後、二〇〇八年より月光荘沖縄と「旅人酒場つきのわ」の代表を務めている。また、「MOONRINGS」などのイベントオーガナイズも手がけている。

山田明良

（やまだ・あきよし）

一九六二年愛知生まれ。アパレ

ル商社勤務を経て、一九九三年福永紙工株式会社へ入社。二〇〇八年同社代表取締役に就任。二〇〇六年よりデザイナーとの協働プロジェクト「かみの工作所」を発足させ、それまでの製造のノウハウをベースに自由で斬新なデザイナーの発想を融合させ工場発の主体的な紙製品の開発、製造、販売を手がける。現在「かみの工作所」「空気の器」「テラダモケイ」「MABATAKI NOTE」「gu-pa」「1:16 one to sixteen」「イノウエバッジ店」などのプロジェクトを展開している。

宮田泰地
（みやた・たいち）
一九八二年神奈川生まれ。多摩美術大学（プロダクトデザイン専攻）卒業後、同研究室に副手として勤務。その後プロダクトデザイン事務所でのデザイナー経験を経て、二〇一〇年に福永紙工株式会社に入社。構造設計士。

福島徹
（ふくしま・とおる）
東京都青梅市生まれ。食品スーパーマーケット「福島屋」代表取締役会長。株式会社ユナイト代表取締役社長。二十二歳から酒類小売、青果業、スーパー、産地開発を中心に各々約十年のスパンで取り組んで今日に至る。生販一体型のビジネススタイルを信条とする。ＮＨＫ総合テレビ「プロフェッショナル 仕事の流儀」やテレビ東京「カンブリア宮殿」に出演。著書に『福島屋 毎日通いたくなるスーパーの秘密』（日本実業出版社）など多数。

宮田識
（みやた・さとる）
一九四八年千葉生まれ。クリエイティブ・ディレクター。神奈川工業高校卒業後、日本デザインセンターを経て、一九七八年宮田識デザイン事務所設立（一九八九年に株式会社ドラフトに社名変更、現在に至る）。「PRGR」（横浜ゴム）、「LACOSTE」（大沢商会）、「モスバーガー」（モスフードサービス）、「一番搾り」「淡麗（生）」（キリンビール）、「生茶」「世界のKitchenから」（キリンビバレッジ）、「Salute」（ワコール）などのブランディングを手がける。一九九五年から自社ブランドD-BROSを展開。東京アートディレクターズクラブ会員。ＡＤＣ賞、朝日広告賞など受賞多数。

青木昭夫
（あおき・あきお）
一九七八年東京生まれ。二〇〇五年〜二〇〇九年デザインイベント「DESIGNTIDE TOKYO」のディレクターを経て、二〇〇九年MIRU DESIGNを始動。プロダクト、インテリア、建築、グラフィックなど、さまざまなデザイナーのネットワークを活かし、企業のブランディングや展覧会、商品開発の企画、プロデュースを行う。二〇一七年より感動の入り口をコンセプトにしたデザイン&アートフェスティバル「DESIGNART TOKYO」のクリエイティブディレクターを務める。

嶋田洋平
（しまだ・ようへい）
一九七六年福岡生まれ。二〇〇八年らいおん建築事務所を設立。全国各地で縮退エリアにおけるリノベーションまちづくりによる再生事業を行っている。北九州市小倉魚町のリノベーションまちづくりの取り組みの実績によって、国土交通大臣賞、日本建築学会賞教育賞を受賞。著書に『ほしい暮らしは自分でつくる ぼくらのリノベーションまちづくり』(日経BP社)。日経アーキテクチュア「アーキテクト・オブ・ザ・イヤー2017」第二位に選定。

ナカムラクニオ

東京・荻窪のブックカフェ「6次元」店主。NHKWorld のディレクターを経てフリーランスに。著書に『人が集まる「つなぎ場」のつくり方』(CCCメディアハウス)、『さんぽで感じる村上春樹』(ダイヤモンド社)、『パラレルキャリア』(晶文社)、『金継ぎ手帖』(玄光社)、『猫思考』(ホーム社)、『村上春樹語辞典』(誠文堂新光社)など。

林厚見

(はやし・あつみ)

一九七一年東京生まれ。株式会社スピーク共同代表、東京R不動産ディレクター。建築デザインを学んだのち、経営戦略コンサルティング会社、米国留学、不動産ディベロッパーを経て独立。不動産のセレクトサイト「東京R不動産」、リノベーションやDIYのウェブショップ「toolbox」のマネジメントのほか、建築・不動産・地域等の開発・再生や新規事業のプロデュースを行う。共編著書に『東京R不動産2』(太田出版)、『だから、僕らはこの働き方を選んだ』(ダイヤモンド社)、『toolbox 家を編集するために』(CCCメディアハウス)、『2025年の建築「新しいシゴト」』(日経BP社)など。

山﨑陽一

(やまざき・よういち)

一九六三年京都生まれ。一九八二年に現京都造形芸術大学日本画専攻に入学。卒業後に西陣織の帯デザイナーになり、その後機械染色の仕事に携わる。二〇〇一年に連鎖倒産により、横田株式会社に転職。二〇一三年に工場長に就任。自社製品の糸染めを担当している。

本書のご感想がありましたら、ナカムラケンタの Twitter アカウント、
@nknta 宛にお寄せいただけたらうれしいです。

ナカムラケンタ
「日本仕事百貨」を運営する株式会社シゴトヒト代表取締役。一九七九年、東京都生まれ。明治大学大学院理工学研究科建築学修了。不動産会社に入社し、商業施設などの企画運営に携わる。居心地のいい場所には「人」が欠かせないと気づき、退職後の二〇〇八年、〝生きるように働く人の求人サイト〟「東京仕事百貨」を立ち上げる。二〇〇九年、株式会社シゴトヒトを設立。二〇一二年、サイト名を「日本仕事百貨」に変更。ウェブマガジン「greenz.jp」を運営するグリーンズとともに「リトルトーキョー」を二〇一三年七月オープン。いろいろな生き方・働き方に出会える「しごとバー」や誰もが自分の映画館をつくれる「popcorn」などを立ち上げる。

生きるように働く

二〇一八年十月一日　初版第一刷発行
二〇二〇年四月十三日　初版第四刷発行

著者　ナカムラケンタ
発行者　三島邦弘
発行所　㈱ミシマ社
郵便番号　一五二-〇〇三五
東京都目黒区自由が丘二-六-一三
電話　〇三(三七二四)五六一六
FAX　〇三(三七二四)五六一八
e-mail　hatena@mishimasha.com
URL　http://www.mishimasha.com/
振替　〇〇一六〇-一-三七二九七六

ブックデザイン　宇田川裕喜(BAUM)
國影志穂(BAUM)
本文デザイン　高橋明香(おかっぱ製作所)
印刷・製本　㈱シナノ
組版　㈲エヴリ・シンク

ISBN 978-4-909394-13-2

好評既刊

いま、地方で生きるということ

西村佳哲

「場所」から「生きること」を考える。

震災を経て、あらためて自問した——。

「どこで働く?」「どこで生きる?」

わからなさを携え、東北、九州を巡った旅の記録。

ISBN 978-4-903908-28-1

1700円(価格税別)

シェフを「つづける」ということ

井川直子

10年で奇跡　30年で伝説。

2000年代、シェフになることを夢見てイタリアに渡った15人の若者たちが、

不景気とそれぞれの人生の現実に直面し苦闘する10年を追う、

渾身のノンフィクション。

ISBN 978-4-903908-58-8

1800円(価格税別)

選んだ理由。

石井ゆかり

あなたはなぜ「そっち」を選んだのですか?

喫茶店店主、写真家、女子高生など、さまざまな職業の人に、

初対面でインタビューをしていく著者。職業、結婚、進学……

人生の岐路での選択に、「その人」が浮かびあがる。

ISBN 978-4-903908-77-9

1400円(価格税別)